40. Jahr    25. April 1985    8. Folge

# EUROPA ARCHIV

## ZEITSCHRIFT FÜR INTERNATIONALE POLITIK
### BEGRÜNDET VON WILHELM CORNIDES

HERAUSGEBER: DR. WOLFGANG WAGNER

BEIRAT: PROF. DR. GERHARD FELS · PROF. DR. CURT GASTEYGER
PROF. DR. KARL KAISER · PROF. DR. WILHELM KEWENIG
DR. NORBERT KOHLHASE · PROF. DR. BORIS MEISSNER
PROF. DR. KLAUS RITTER

CHEFREDAKTEUR: HERMANN VOLLE

REDAKTION: TILMANN CHLADEK · ISOLDE KURZ · HEINZ SCHULTE
*Sekretariat:* CHRISTINE ESCLAVY

ADENAUERALLEE 131, D 5300 BONN · TELEFON 217021

VERLAG: Verlag für Internationale Politik GmbH, Bachstraße 32, Postfach 1529,
5300 Bonn 1; Telefon: 72 900 10 , Telex: 8-86822; Bankkonten: Bankhaus Sal. Oppen-
heim jr. & Cie., Köln, Konto 23305 (BLZ 370 302 00); Deutsche Bank AG, Bonn, Konto
0 547 000 (BLZ 380 700 59); Postscheckkonto: Köln, Nr. 2588 31-500.
Geschäftsführer: Gerhard Eickhorn. Verlagsleiter und verantwortlich für Anzeigen:
Gerda Fischer. Zur Zeit gültig Anzeigenpreisliste Nr. 14 ab 1. April 1985.

BEZUGSBEDINGUNGEN: Das Europa-Archiv erscheint zweimal im Monat und ist durch
jede Buchhandlung oder unmittelbar durch den Verlag zu beziehen. Preis des Einzelheftes
DM 10,50; Preis des Jahresabonnements (24 Folgen einschließlich Register) DM 160,—;
alle übrigen Preise, einschließlich der früheren Jahrgänge, laut Preisliste. Alle Preise zu-
züglich Versandkosten. Abbestellungen müssen spätestens 6 Wochen vor Ablauf des
Abonnements beim Verlag eingegangen sein; Jahresabonnements können nur zum Ende
des Kalenderjahres gekündigt werden. Gerichtsstand ist Bonn und Hamburg, soweit das
Gesetz nichts anderes zwingend vorschreibt.

HERSTELLUNG: Graphischer Betrieb Kurt Weber, Postfach 61 04 80, 2800 Bremen 61

# Vorschläge für eine Weiterentwicklung des Europäischen Währungssystems

*Von Helmut Schmidt*

Das Europäische Währungssystem (EWS) existiert seit mehr als fünf Jahren. Die Idee war:

a) die Wechselkurse zwischen den beteiligten Ländern so fest wie möglich zu halten, um sowohl die Geldwertstabilität als auch den innereuropäischen Handel und damit das Zusammenwachsen der Europäischen Gemeinschaft zu fördern;

b) diejenigen Regierungen in die Pflicht zu nehmen, deren Währungs- und Finanzpolitik sie zwingt, bei den übrigen Staaten um eine Wechselkursanpassung (Aufwertung und Abwertung) nachzusuchen, um so diese Wechselkursanpassungen zu einem Punkt gemeinsamen Interesses zu machen, um damit dann die Konvergenz der verschiedenen Währungs- und Wirtschaftspolitiken und am Ende auch die Wirtschaftsintegration selbst zu fördern;

c) stufenweise und allmählich eine einheitliche europäische Währung zu schaffen, die schlußendlich der weltwirtschaftlichen Bedeutung des Dollars (und des Yen) gleichkommen könnte.

## AKTUELLE PROBLEME

So wie das EWS heute in sehr stürmischer Zeit funktioniert, ist es ein effizientes Integrationsinstrument. Dies ist schon eine historisch zu nennende Rolle des EWS. Natürlich würden eine bessere Übereinstimmung und Aufeinanderabstimmung der jeweiligen nationalen Wirtschaftspolitiken das EWS fördern. Auf der anderen Seite förderte das Währungssystem selbst ganz gut die Konsensbildung. So hat die praktische Erfahrung der letzten Jahre alle europäischen Länder zu einer weitgehenden Übereinstimmung über die Rangfolge der wirtschaftlichen Ziele gebracht: Inflationsbekämpfung ist am wichtigsten, dann folgen Begrenzung der Defizite der öffentlichen Haushalte und ein vernünftiges Wachstum.

Das EWS und sein immanenter politisch-psychologischer Zwang, die vereinbarte Stabilitätspolitik auch durchzuführen, hat die Schwankungen der europäischen Wechselkurse gedämpft. Verglichen mit den Schwankungen in der alten „Schlange" zwischen 1973 und 1978 und mit den Schwankungen gegenüber den außenstehenden freien Wechselkursen, vor allem dem Dollar, waren die Wechselkurse im EWS relativ stabil; gegenüber den beiden angeführten Bezugsbeispielen wurden sie in etwa halbiert. Dies gilt auch für die realen Wechselkurse.

Natürlich mußte man Paritätsänderungen durchführen. Aber sie waren keine einseitige Angelegenheit mehr, sondern koordinierte Unternehmungen, d. h. sie waren das Ergebnis gemeinschaftlicher Verabredungen. So vermied die EG einen möglichen Abwertungswettlauf, der nicht nur den gemeinsamen Markt zerstört und der ge-

*Helmut Schmidt*, MdB (SPD), Hamburg. Bundeskanzler von 1974 bis 1982. Der Beitrag erscheint gleichzeitig in *The World Today*, der Monatszeitschrift des Royal Institute of International Affairs (Chatham House), London.

meinsamen Agrarpolitik den Boden entzogen hätte, sondern der auch ganz wesentlich die Weltwirtschaftskrise beschleunigt hätte. Da etwa die Hälfte des Außenhandels der Zehn innerhalb der Gemeinschaft stattfindet, sind relativ stabile Wechselkurse enorm wichtig: der Handel wird einfacher, die Kosten, sich vor Paritätsänderungen zu schützen, werden niedriger. Ebenso ist diese Stabilität für supranationale Finanzinvestitionen in der EG von Bedeutung. Diese Vorteile kamen auch den skandinavischen Ländern und Österreich zugute, die zwar nicht Mitglieder im Währungsverbund sind, jedoch sich eng an die Wechselkursentwicklungen der EWS-Länder anlehnen.

Bis jetzt war das EWS in der internen Stabilitätspolitik, d. h. bei der Inflationsbekämpfung in den EG-Ländern bei weitem nicht vergleichbar erfolgreich. Nur sehr langsam haben sich die Preissteigerungsraten einem gemeinsamen, niedrigeren Niveau zubewegt. Etwas besser geht es seit den letzten Jahren. Inzwischen hat sich die maximale Spanne zwischen den Hochinflationsländern einerseits und den sehr preisbewußten Ländern andererseits (meist Italien und Irland versus die Bundesrepublik Deutschland und die Niederlande) halbiert. Italien, Irland und auch Frankreich und Dänemark haben beträchtliche Fortschritte bei der Inflationsbekämpfung gemacht. Ganz offensichtlich war das EWS hilfreich in bisher inflationsgeschüttelten Ländern, Regierungen und Öffentlichkeit vom Sinn und Zweck größerer Preisstabilität zu überzeugen. Als Konsequenz einer strengeren Geld- und Finanzpolitik ist auch anzusehen, wenn 1984 voraussichtlich die Leistungsbilanzen der EG-Mitgliedsländer ungefähr ausgeglichen sind.

Ein weiterer wichtiger Erfolg im Zusammenhang mit dem EWS ist die Tatsache, daß sich die private Rolle der Europäischen Währungseinheit (ECU) am Markt durchsetzt. So stark ist inzwischen die Nachfrage nach ECU-Anleihen, daß diese neue europäische Währungseinheit nach Dollar und Deutsche Mark den dritten Platz auf dem Markt für Euro-Anleihen einnehmen konnte. In einer breiten Verwendung von ECU liegen wahrscheinlich auch die besten Chancen für die Weiterentwicklung des Europäischen Währungssystems.

Die heutigen Probleme und Defizite des EWS können folgendermaßen zusammengefaßt werden:

Das Pfund-Sterling nimmt noch nicht am Interventionssystem teil. Die Begründungen, die die jeweiligen Regierungen in London nannten, variierten beträchtlich. Noch 1978/79 war das Risiko einer Teilnahme zu hoch wegen des zu schwachen Pfundes. Später war das Pfund angeblich zu stark infolge des Nordseeöls. Auch wurden immer die Störanfälligkeit und Unbeständigkeit des Ölpreises als Argumente aufgeführt, die einen vollen Beitritt zum EWS verbieten würden. Kaum wahrscheinlich, daß Premierministerin Margaret *Thatcher* ihre Haltung in naher Zukunft ändern wird.

Einige EWS-Mitgliedsländer haben immer noch beträchtliche Kapitalverkehrskontrollen (Frankreich, Italien, Irland und Belgien).

In der Bundesrepublik ist Inländern (private Personen, Unternehmungen oder Banken) noch nicht gestattet, sich in ECU zu verschulden, und die Bundesbank ist das Haupthindernis, wenn man auf diesem Gebiet weiterkommen will. Denkbar ist es, diesen Widerstand politisch durch die Bundesregierung (wenn nötig gesetzlich) auszuräumen. Das letztere hätte den Sinn, klarzumachen, daß einerseits ein Vorwärtskommen in Europa nur möglich wird, wenn man eben nicht zögert wie die Bundesbank und daß andererseits die Deutsche Mark wie schon seit 1979 durch Fortschritte im EWS oder bei der ECU nicht geschwächt wird, sondern das Prinzip der Stabilität in ganz Europa gestärkt und damit auch wieder Deutschland und der Deutschen Mark zugutekommen wird.

Italien hat bis jetzt ein Schwankungsintervall der Lira, das doppelt so groß ist wie sonst im EWS üblich. Angesichts der Stabilitätsbemühungen unter Ministerpräsident Bettino *Craxi* könnte man sich vorstellen, die italienische Regierung vom Vorteil einer normalen Schwankungsbreite von plus/minus 2,25 Prozent für ihre ökonomische Disziplin überzeugen zu können.

Diese Mängel können im Laufe des Jahres 1985 abgestellt werden; die unumgänglichen Änderungen sind umso leichter zu verkraften, wenn und je mehr Fortschritte das EWS machen kann.

Der Europäische Rat hat auf seiner Stuttgarter Tagung im Jahre 1983 erneut sein Interesse an einer Europäischen Union bekundet. Wörtlich heißt es in der „Feierlichen Erklärung" vom 19. Juni 1983 unter Ziffer 3. 1. 3.: „Stärkung des Europäischen Währungssystems, das ein entscheidender Faktor für Fortschritte auf dem Wege zur Wirtschafts- und Währungsunion und der Schaffung eines Europäischen Währungsfonds ist und damit zur Konsolidierung einer Zone währungspolitischer Stabilität in Europa und zur Schaffung eines stabileren internationalen Umfeldes beiträgt." Auch hat der Europäische Rat in Fontainebleau (25. und 26. Juni 1984) beschlossen, die Einführung einer ECU-Münze prüfen zu lassen. Dies wäre an und für sich ziemlich nutzlos, wenn nicht dahinter die Idee der künftigen Rolle der ECU als einer europaweiten Zweitwährung (parallel zu den bestehenden nationalen Währungen) und auch Vorstellungen über Ausgabe und Angebotsmanagement dieser Münzen gestanden hätten. Beide genannten Beschlüsse des Europäischen Rats, die ja ganz aktuell sind, müssen und können als starke Geschütze gegen jene Regierungen in Stellung gebracht werden, die die Fortschritte beim EWS und bei der ECU zwar einstimmig mitbeschlossen haben, sie aber gleichwohl de facto behindern.

## FORTSCHRITTE, DIE RASCH MÖGLICH SIND

1. Gegenwärtig ist die ECU als allmählich wachsende Keimzelle einer gemeinsamen Währung der EG-Staaten zu betrachten. Sie wird noch eine lange Zeit nur parallel zu den nationalen Währungen der EG-Länder im Gebrauch sein (parallel auch zu den Währungen von Drittländern, eingeschlossen die sogenannten Euro-Währungen, die gegenwärtig nur indirekt der Überwachung durch die jeweiligen Zentralbanken unterliegen).

Heute muß man unterscheiden zwischen einerseits der offiziellen ECU, die nur im Verkehr der Mitgliedszentralbanken eine Rolle spielt, und der privat genutzten ECU (einschließlich der ECU, die EG-Institutionen schaffen, wenn sie Anleihen aufnehmen). Später sollten keine Schranken und gesetzlichen Unterscheidungen zwischen beiden ECU-Arten mehr gelten. Das Angebot einer nationalen Währung wird von der jeweiligen Zentralbank gesteuert. Die offiziellen ECU werden von den einzelnen, am System beteiligten Zentralbanken nach strengen Regeln geschaffen. Die offizielle ECU ist gegenwärtig eine Rechnungseinheit, ein Mittel zum Saldenausgleich zwischen den Zentralbanken und ein Reserveaktivum.

In den letzten Jahren gab es immer mehr private Anleihen, die in ECU ausgewiesen waren, was bedeutet, daß inzwischen private ECU von Banken, Unternehmungen und sogar der EG-Kommission geschaffen wurden. Diese willkommene Entwicklung muß weiter ermutigt werden.

2. Die offizielle ECU ist für einige Zentralbanken noch ein etwas unsicheres Aktivum, da ihr Volumen vom schwankenden Goldpreis und vom Dollarkurs abhängt. Auch ist sie für Zentralbanken kein besonders attraktives Aktivum, da ihr Zins sich aus dem gewogenen Durchschnitt der Diskontsätze errechnet. Dies sollte geändert werden:

a) Einerseits sollte man die Schaffung von ECU an rationale Kriterien binden, andererseits sollte beim Saldenausgleich die ECU-Annahmepflicht der Gläubigerzentralbank unbegrenzt sein; im Gegenzug müßten die Netto-ECU-Positionen der Gläubigerbanken besser verzinst werden.

b) Gleichzeitig müßten die offiziell gehaltenen ECU konvertibel gemacht werden, so daß eine Zentralbank ihren ECU-Überschuß, der einen bestimmten Betrag übersteigt, zu Interventionszwecken in Dollar oder in eine Gemeinschaftswährung konvertieren kann.

3. Heute stellt sich das EWS noch als relativ geschlossenes System dar, dem nicht einmal alle Zentralbanken der Zehnergemeinschaft angeschlossen sind. Wenn das System, so wie die Brüsseler Schlußfolgerungen des Europäischen Rats vom 5. Dezember 1978 es nahelegen, anderen Zentralbanken geöffnet würde und diese ECU halten könnten, so würden sich die Möglichkeiten, ECU zu verwenden, bessern und vervielfältigen. Indem diese Länder sich allmählich am System beteiligten, würde die wechselkursorientierte ökonomische Disziplin und damit die Reichweite der europäischen Stabilitätszone wachsen.

In einem ersten Schritt sollte es Zentralbanken solcher Länder, die an qualifizierten Geschäfts- und Währungsbeziehungen zur EG interessiert sind, gestattet werden, ECU von Mitgliedszentralbanken zu erwerben; dies könnte auf die Schweiz, Österreich und Norwegen zutreffen.

4. Unabhängig von der offiziellen ECU entwickelt sich ein wachsender Markt der privaten ECU. Alle Beschränkungen bei der Verwendung der privaten ECU sollten beseitigt werden, so daß die Märkte sowohl am langen wie am kurzen Ende mit ECU handeln können. Bis heute erlaubt die Deutsche Bundesbank Inländern nicht, am ECU-Markt Verbindlichkeiten einzugehen, indem sie mit Hinweis auf Paragraph 3 Währungsgesetz deutschen Banken nicht gestattet, ECU-Konten zu eröffnen. Diese Auslegung des Gesetzes scheint nicht zwingend; sie sollte überdacht werden.

5. Um ein Gemeinschaftsgefühl zu schaffen und die ECU zu popularisieren, sollten die Zentralbankpräsidenten der EWS-Mitgliedsländer beauftragt werden, ECU-Münzen zu prägen und deren Angebot zu steuern. Dies könnte im Rahmen des Europäischen Fonds für Währungspolitische Zusammenarbeit (EFWZ) beschlossen und

durch die nationalen Zentralbanken ausgeführt werden. Später könnten dann auf gleichem Wege ECU-Banknoten ausgegeben werden. Die jeweiligen beteiligten Zentralbanken müssen dabei die privaten ECU völlig gleich wie die Währungen anderer EWS-Länder behandeln. Die Möglichkeit, auf ECU lautende Euroschecks auszustellen, sollte ebenfalls geschaffen werden. Eine internationale ECU-Clearing-Stelle würde den ECU-Markt verbreitern und ihn effizienter machen. Gleichzeitig dürften aber ECU-Anleihen innerhalb der Gemeinschaft nicht mehr Kapitalverkehrskontrollen unterworfen werden.

6. Für die Vereinheitlichung der Währungen in Europa, für mehr Währungsstabilität gegenüber externen Schocks und für den innereuropäischen Handel wird diese breitere Verwendung von privaten ECU von Nutzen sein. Natürlich wird damit eine Tendenz zur Verdrängung der schwächeren Währungen entstehen. Sie wird Druck auf die Budget- und Geldpolitik der betreffenden Staaten in Richtung auf größere Disziplin und Stabilität erzeugen. Deshalb sollten alle Anstrengungen unterstützt werden, der ECU den Status einer voll konvertiblen Währung zu verleihen.

7. Die Konvertibilität von offiziellen und privaten ECU und die Einebnung jeden Unterschieds setzt eine institutionelle Fortentwicklung des gegenwärtigen EFWZ voraus. Ziel ist eine funktionierende Zentralbank der nationalen Zentralbanken, d. h. eine föderalistisch organisierte europäische Zentralbank, deren Geld- und Zinspolitik auf Preisstabilität ausgerichtet sein muß. Ein komplettes ECU-System beinhaltet auch eine gemeinsame Geld- und Zinspolitik der beteiligten Zentralbanken. Insofern scheint es angemessen, dies der institutionellen Phase des EWS zu überlassen, die vermutlich entweder eine Ergänzung der Römischen Verträge voraussetzt, weil derartiges dort für EG-Organe nicht vorgesehen ist, oder die eines ratifizierbaren Vertrages bedarf, mit welchem die jeweiligen nationalen Zentralbankgesetze entsprechend geändert werden.

8. Etwa vier Fünftel aller Deviseninterventionen der Teilnehmer-Zentralbanken geschehen innerhalb der Bandbreiten, d. h. sie finden statt, bevor der Wechselkurs die Grenzen der Bandbreiten berührt hat. Außerdem sind, abgesehen von der sehr kurzfristigen Finanzierung (für die obligatorischen Interventionen an den Grenzen der Bandbreiten), die Kreditfazilitäten des EWS praktisch nie abgerufen worden. Im übrigen werden viele der nicht obligatorischen Deviseninterventionen in Dollar durchgeführt, um nicht in Bittstellerhaltung der Zentralbank, deren Währung zur Intervention nötig wäre, gegenübertreten zu müssen. Deshalb dürften auf absehbare Zeit solche Reformvorschläge unrealistisch sein, die EWS-Währungen für intramarginale Interventionen oder den Einsatz von EWS-Kreditfazilitäten vorschreiben wollen. Auch kann man bezweifeln, ob Paritätsänderungen an objektive Kriterien (beispielsweise eine Anzahl von aussagefähigen statistischen Indikatoren, nicht nur den Differenzen der Inflationsrate) geknüpft werden können. Sinnvoll sind solche Indikatoren aber, weil mit ihrer Hilfe ein gemeinsamer Abstimmungs- und Diskussionsprozeß zwischen den beteiligten Regierungen und Zentralbanken ausgelöst werden kann.

9. Für die Außenbeziehungen des Europäischen Währungssystems können die Länder der Gemeinschaft bisher noch nicht auf die Dienste einer zentralen Stelle zurückgreifen. Dieser Mangel behindert den Dialog der Zentralbanken und der Finanz-

minister der Zehnergemeinschaft mit ihren jeweiligen Kollegen in den Ländern außerhalb der Gemeinschaft, vor allem den Vereinigten Staaten und Japan. Besonders spürbar wurde dieser Mangel während der Turbulenzen im Weltwährungssystem in den letzten Jahren.

Vor allem die Interventionen der EG-Zentralbanken in Währungen von Drittländern, insbesondere die Dollar-Interventionen, sollten besser koordiniert werden. Dazu sollten die Notenbankgouverneure der beteiligten Länder, die sich häufiger und regelmäßiger als Verwaltungsrat des Europäischen Fonds für Währungspolitische Zusammenarbeit sehen müßten, gemeinsame Interventions- und Kreditregeln aufstellen.

10. Diese Koordination gegenüber dem Dollar als auch die Zuständigkeit für die Verwaltung der verschiedenen Kreditmechanismen sollten auf ein ständiges Büro, ein Generalsekretariat oder auf einen geschäftsführenden Direktor des EFWZ übertragen und so der institutionelle Rahmen, in dem das EWS funktionieren kann, ausgeweitet werden. Steuerung und Kontrolle würden natürlich dem Verwaltungsrat des EFWZ obliegen. In diesem Stadium ist es noch nicht nötig, die künftige Form des Währungsfonds, sei es ein Fonds vom Typ „Europäische Zentralbank", ein regionaler Fonds à la IWF oder ein Fonds „sui generis", festzulegen. Pragmatisches Vorangehen ist besser als doktrinäres Stillstehen! Die Vorschläge in diesem Teil des Beitrags lassen alle drei obengenannten Optionen offen.

11. Gegenwärtig belaufen sich die Währungsreserven, die der EFWZ überantwortet bekommen hat, auf rund 50 Milliarden ECU. Sie sollten im Laufe des Jahres 1985 auf 70 oder 80 Milliarden ECU gesteigert werden. Dies hätte den Zweck,

a) jenen Gemeinschaftsländern (und ihren Zentralbanken) die sichere Gewißheit einer absolut zureichenden Rückendeckung durch den EFWZ zu geben, die glauben, besonderen Risiken ausgesetzt zu sein, wenn sie die unter Ziffer 12 und 13 vorgeschlagenen Schritte unternehmen;

b) dem Europäischen Fonds für Währungspolitische Zusammenarbeit ein internationales Standing zu geben, das ihn befähigt und schlußendlich auch Drittwährungsländer (insbesondere jene mit Dollar, Yen und Sterling) dazu ermuntert, gemeinsam über jene nationalen Politiken zu sprechen, die internationale Währungsauswirkungen haben können;

c) den EFWZ instand zu setzen, später einmal, in der „institutionellen Phase", ein voll funktionsfähiger Europäischer Währungsfonds zu werden.

Daß dieses neue Reservevolumen des EFWZ jeweils auch nur teilweise eingesetzt werden muß, ist ziemlich unwahrscheinlich.

12. Italien soll seine extraweiten Bandbreiten des Lirakurses aufgeben und das normale Schwankungsintervall des Systems akzeptieren. Das Wachstum der italienischen Wirtschaft ist auf EG-Niveau (und wäre sicher über dem EG-Durchschnitt, wenn die Schattenwirtschaft statistisch erfaßt werden könnte); die italienische Leistungsbilanz hat sich normalisiert und die Währungsreserven sind weit über dem europäischen Durchschnitt. Regierung und Zentralbank Italiens dürfen sich weit mehr Selbstbewußtsein zutrauen als sie bisher zeigten.

13. Frankreich, Italien, Belgien, Irland und Dänemark sollten bis spätestens Ende 1985 ihre übriggebliebenen Kapitalverkehrskontrollen abbauen.

14. Zumindest müßten solche Kontrollen für auf ECU ausgestellte Papiere in der EG sofort verschwinden. Die Institutionen oder Organe der EG sollten alle ihre Bücher nur in ECU führen. Die EG, die Europäische Investitionsbank und alle anderen EG-Institutionen sollten alle Anleiheaufnahmen und Kreditvergaben mit dem allmählichen Ziel der Ausschließlichkeit in ECU durchführen. Der EFWZ (oder sein geschäftsführender Direktor) sollten den Auftrag erhalten, alle privaten ECU-Aktivitäten zu beobachten und zu überwachen.

15. Alle diese Schritte von Ziffer 1 bis Ziffer 14 (mit Ausnahme der Ziffer 7) setzen keine Ergänzung des EG-Vertrags voraus, sondern können auf Artikel 235 fußen. Trotzdem dürfte es bei den meisten dieser Vorschläge Einsprüche von verschiedenen Seiten geben. Deshalb muß der politische Wille und die Führerschaft der jeweiligen Staats- und Regierungschefs ausgeprägt sein.

Auch wenn Großbritannien vorläufig noch nicht zu einer vollen Mitgliedschaft im EWS bereit ist, gilt es, seine Einwände sorgfältig zu prüfen. Aber als Conditio sine qua non sollten sie nicht gewertet werden. Dies ist eine logische Konsequenz der Tatsache, daß der EG-Vertrag oder der „Vertrag über den Beitritt des Vereinigten Königreichs von Großbritannien und Nordirland zu den Europäischen Gemeinschaften..." (Brüssel, 22. Januar 1972) nicht berührt werden. Einsprüche und Kritik von seiten Griechenlands, Portugals oder Spaniens sollten aus denselben Gründen ebenso behandelt werden.

Immer noch ist das EWS — und wird es auch noch nach den oben vorgeschlagenen Schritten bleiben — eine Unternehmung eines Teils der Gemeinschaft, nicht der EG als solcher. Aber es braucht Rat und Hilfe (beispielsweise was die privaten ECU angeht) der EG. Und dafür ist dann die Zustimmung Griechenlands und Großbritanniens (und ebenso Spaniens und Portugals) wichtig.

## LANGFRISTIGE ZIELE

Das EWS zielt langfristig auf zweierlei ab,

a) es soll die Währungs- und Finanzpolitik der EG-Länder harmonisieren, um so zur europäischen Wirtschafts- und Währungsunion beizutragen;

b) es soll ein ausreichendes Eigengewicht entwickeln, um so die zwei großen Währungsblöcke außerhalb der EG, den Dollar- und den Yen-Raum, zu wechselseitigen Diskussionen und Abstimmungen mit der EG zu veranlassen. Auf diese Weise könnte eine größere Stabilität zwischen diesen drei großen Währungsgebieten und damit auch eine relativ beständige Weltwährungsordnung entstehen.

Beide Ziele können zum Teil schon durch die Vorschläge im vorangegangenen Teil erreicht werden. Aber der große Durchbruch wird wahrscheinlich nur mit einer Überantwortung des EWS- oder ECU-Managements auf neue oder auch schon bestehende Organe der EG gelingen; und dies setzt vermutlich eine Änderung der Römischen Verträge voraus.

Eine volle Institutionalisierung von EWS und ECU als gemeinsamer EG-Währung setzt vermutlich auch eine volle Beteiligung Großbritanniens und anderer noch außenstehender EG-Mitglieder voraus. Denn verlangt wird dabei:

a) zum Teil ein Transfer nationaler Rechte währungspolitischer Art auf EG-Organe;

b) zum Teil ein Transfer nationaler Finanzkompetenzen auf EG-Organe;

c) ebenso die volle Konvertibilität der ECU (siehe Ziffer 7 auf S. 227).

Vielleicht wäre es sogar möglich, ohne eine Änderung der Römischen Verträge, nur unter dem Dach des EFWZ die unter a) bis c) beschriebenen Wege sehr weit zu gehen. Aber diese Lösung braucht heute nicht diskutiert und schon gar nicht angestrebt zu werden; es wäre eine zweitbeste Lösung und könnte außerdem zur Entfremdung Großbritanniens führen.

## POLITISCHE SCHLUSSFOLGERUNGEN

Seit dem Werner-Plan vor gut ein Dutzend Jahren, seit den Tagen der „Schlange" und insbesondere seit der Gründung des EWS haben verschiedene Institutionen und Gruppen ein reichhaltiges Gedankengut zur weiteren währungspolitischen Zusammenarbeit entwickelt. Diese Arbeiten stellen einen vergrabenen Schatz dar: da von Währungsexperten geschrieben, haben sie nie die Aufmerksamkeit der Staats- und Regierungschefs gefunden; in den meisten Fällen wurden sie nicht einmal von den Finanzministern ganz gelesen. Dies gilt bis auf den heutigen Tag.

Der Umschwung von einer inflationären zu einer stabilitätsbewußten Politik, beispielsweise in Frankreich, Italien, Dänemark und Großbritannien, hat gleichzeitig ungewollt zu einer eher konservativen Grundhaltung gegenüber dem europäischen Integrationsprozeß geführt. Zwar hat das EWS besonders Italien und Frankreich dazu gebracht, einen vorsichtigeren geld- und finanzpolitischen Weg einzuschlagen, was sicherlich zur größeren ökonomischen Übereinstimmung in der EG führte, aber die Regierungen versagten angesichts der Notwendigkeit und der Möglichkeit des Widerstands gegen das hohe, vom Dollar verursachte Zinsniveau. Dieses Zinsniveau macht Realkapitalinvestitionen weniger attraktiv als Anlagen am Geldmarkt oder in den Vereinigten Staaten und verschuldet so die Unterbeschäftigung der großen europäischen Investitionsgüterindustrien.

Auf drei Weltwirtschaftsgipfeln (1982 in Versailles, 1983 in Williamsburg und 1984 in London) gelang es nicht, in europäischer Gemeinsamkeit die eigenen ökonomischen Interessen gegen die zerstörerische amerikanische Defizit- und Zinspolitik durchzusetzen. Dies verfestigte den wirtschaftlichen Stillstand in Europa, weil weiterhin das Produktionswachstum hinter dem Produktivitätsfortschritt herhinkte. Die bestürzend niedrige Wahlbeteiligung in den letzten Wahlen zum Europäischen Parlament und die Verluste bei beinahe allen Parteien in Regierungsverantwortung bestätigen, daß der europäische Wähler niemandem zutraut, seine wirtschaftliche Situation zu bessern, weder den europäischen Institutionen noch der eigenen nationalen Regierung.

In dieser gefährlichen Lage ist ein neuer Anlauf zu einer gemeinsamen ökonomischen Initiative gefordert. Dies wird 1985 noch deutlicher werden, wenn sich die Vereinigten Staaten hoffentlich an den Abbau ihres Haushalts- und damit auch Handelsbilanzdefizits machen werden (vermutlich zunächst ohne Senkung der superhohen Zinsen); denn mit diesem Abbau werden sie auch weniger aus Europa importieren und dabei wieder zur Arbeitslosigkeit in Europa beitragen. Eine solche gemeinsame

Initiative könnte zustande kommen, indem man einen wirklich gemeinsamen Markt einrichtet und das EWS voranbringt. Daß so etwas machbar ist und daß die europäische Öffentlichkeit es mit erneuter Hoffnung und Sympathie betrachtet, davon gilt es die europäischen Führungspersönlichkeiten zu überzeugen.

Neben dem britischen Isolationismus dürfte der größte Widerstand aus Deutschland kommen; hier heißt das Motiv: Eine starke Deutsche Mark ist am mächtigsten allein. Die Begründung wird jedoch anders lauten: Mehr Währungszusammenarbeit setzt eine stärkere Konvergenz der Geld- und Finanzpolitik voraus. Aber aus den Statistiken über Wachstum, Preise, Haushaltsdefizite oder Leistungsbilanzen und so weiter der letzten fünf Jahre ergibt sich für die am EWS teilnehmenden Staaten eher das Gegenteil. Auch muß man mit einem anderen, noch etwas intelligenteren Einwand rechnen: Falls der Dollar fällt, werden Dollar-Anlagen in Deutsche Mark umgetauscht; dabei steigt der Deutsche-Mark-Kurs und erzeugt im EWS Spannungen. Diese Prognose hat eine gewisse Wahrscheinlichkeit vor dem Hintergrund der Vergangenheitsentwicklung für sich; als der Dollar stieg, wurden Deutsche-Mark-Anlagen in Dollar getauscht, der Wechselkurs der Deutschen Mark damit gedrückt und die Spannungen im EWS gemildert. Falsch wäre es jedoch, diese Vergangenheitserfahrung zu überzeichnen — der Hauptgrund vergangener Paritätsänderungen im EWS war nicht eine zu starke Deutsche Mark, sondern zwischen 1981 und 1983 ein zu schwacher Franc oder eine zu schwache Lira. Im übrigen wird ein gemeinsamer leichter Aufwärtstrend der EG-Währungen die selbstverständliche Folge eines Rückgangs des Dollars sein; dieser Aufwärtstrend kann den europäischen Regierungen bei der Bekämpfung der Binnenursachen der Inflation nur behilflich sein.

Die italienische Regierung wird zunächst zur Bedingung machen, die extraweiten Schwankungsbreiten beibehalten zu können. Aber es dürfte möglich sein, sie davon zu überzeugen, daß keine Faktoren erkennbar sind, die künftig die Lira stärker bedrängen als die Währungen Frankreichs, Belgiens, Dänemarks oder Irlands. Wirtschaft und Währung Italiens sind gesünder als italienische Politiker bereit sind zu erkennen oder zuzugeben. Italien sollte sich etwas mehr monetäres Selbstbewußtsein leisten! Dies würde dem Kampf um mehr Preisstabilität zugute kommen.

Frankreich und andere Staaten werden zögern, ihre Kapitalverkehrskontrollen aufzugeben. Von *Colbert* bis zu den heutigen Absolventen der Ecole Nationale d'Administration kennt Paris eine lange merkantilistische Tradition der Kontrollen. Sie gilt es zu überwinden. Diese stark verwurzelte Ideologie der Kontrollen steht nun diametral den vorherrschenden deutschen Ideologien gegenüber. Die Ideologien beider Seiten müssen auf jeden Fall, und zwar zur selben Zeit, beträchtliche Kompromisse schließen. Dies könnte es ihnen etwas erleichtern. Der Schritt hin auf eine Abschaffung der Kapitalverkehrskontrollen wird für Frankreich, Italien, Belgien, Irland und Dänemark dann etwas leichter, wenn er zu einem Zeitpunkt kommt, zu dem der Dollar schon sinkt. Das Hauptargument zugunsten einer Abschaffung der Kontrollen dürfte im inzwischen vernünftigen und stabilitätsbewußten Mix der jeweiligen Wirtschaftspolitik in Paris, Rom, Brüssel und Kopenhagen liegen.

Die praktischen Vorschläge in diesem Beitrag und die perspektivischen Ziele des EWS werden eine europaweite öffentliche Debatte (und eine halböffentliche Debatte unter Zentralbankern und Experten der Finanzministerien) auslösen. Diese Debatte wird einmal mehr in Großbritannien diejenigen Gruppen unterstützen, die eine uneingeschränkte Mitarbeit in der EG und dem EWS anstreben. Wahrscheinlich werden sie aber auch dieses Mal gegen die isolationistische Stimmung, es doch lieber alleine zu versuchen, nicht ankommen.

„Der Kanal ist breiter als der Atlantik"; dieses Bild scheint immer noch die meisten britischen Politiker in ihrer Tagespolitik zu leiten. Die Begründung dürfte dabei wie folgt lauten: Der Ölpreis wird nicht von London kontrolliert, er ist labil und hängt von weltweiten politischen und ökonomischen Entwicklungen ab. Von dieser Unstabilität sind auch die Finanzierung des öffentlichen Haushalts und der Ausgleich der Leistungsbilanz abhängig. Die daraus insgesamt resultierende Störanfälligkeit des Pfund-Kurses verbietet irgendeine starre Bindung an andere Währungen. Was den Ausgleich der Zahlungsbilanz angeht, so ist dieser Teil der britischen Argumentation verglichen mit der Situation der übrigen EG-Länder überhaupt nicht stichhaltig. Der Wechselkurs sowohl von Ölproduzenten als auch von Öl importierenden Ländern ist vom Preis (und der Menge) des Öls abhängig. Nur die erste Hälfte des Arguments, wenn das relative Gewicht der Öleinnahmen an der Finanzierung des britischen Budget angesprochen wird, kann einige Bedeutung beanspruchen. Wenn dies aber so ist, dann liegt dem britischen Budget gegenwärtig ein Finanzierungsprinzip zugrunde, welches ein unverhältnismäßig großes Risiko darstellt.

Der Haupteinwand gegen die hier gemachten Vorschläge wird in einer institutionalisierten einheitlichen Finanzpolitik die Grundvoraussetzung für mehr währungspolitische Zusammenarbeit und Wechselkursstabilität sehen. Hier werden konservative Zentralbanker, Währungstheoretiker und ökonomische Ideologen vermutlich identische Positionen beziehen. Sie alle sollten an die fast 25 Jahre der Gültigkeit von Bretton Woods erinnert werden; dieses System arbeitete vorzüglich und keine institutionelle oder sonstige Einrichtung mußte für eine Harmonisierung der Finanzpolitik der Mitgliedsländer sorgen! Es waren die impliziten monetären Anpassungsmechanismen, die Bretton Woods funktionieren ließen. Natürlich hat dann eine freundliche Gleichgültigkeit des wichtigsten Mitgliedslandes gegenüber den grundlegenden Funktionsnotwendigkeiten das System schlußendlich zerstört. Theoretisch wäre dies auch beim EWS möglich. Aber es scheint sehr unwahrscheinlich, daß eines der wichtigeren EG-Länder sich hier in politischer Gleichgültigkeit übt. Die Bürde, die eine solche Politik für den europäischen Einigungsprozeß darstellen würde, und die damit verbundene Verantwortung für das Scheitern der eigenen nationalen Politik bilden zusammen einen starken Schutzschild gegen jedweden Angriff auf die dem EWS zugrunde liegende Philosophie.

Europa und seine strapazierten Volkswirtschaften haben keine Zeit zu verschwenden, auch nicht, indem man darauf wartet, daß sich das Wunschbild einer „Politischen Union" verwirklicht. Man kann Harold *Macmillan,* dem heutigen *Earl of Stockton,* nur zustimmen, wenn er sagt: „Hat man erst eine Doktrin, so geht nichts mehr. Allein pragmatische Politik ist gute Politik." 1985 wird ein Jahr ohne nationale Wahlen in einem der größeren EG-Länder sein — eine unwiederbringliche Chance für die Regierungen, einen kühnen Schritt zu tun!

# Der zweite Bonner Weltwirtschaftsgipfel

## Von Robert D. Putnam

Wenn die Regierungschefs der sieben wichtigsten Industriestaaten des Westens vom 2. bis zum 4. Mai 1985 zum zweiten Mal in Bonn zusammentreffen, haben sie über eine Fülle verschiedenartiger Probleme zu sprechen. Die Tatsache, daß der erste Bonner Weltwirtschaftsgipfel im Jahre 1978 zu den erfolgreichsten Begegnungen dieser Art gehörte, hat die Erwartung hervorgerufen, daß auch dieses neue Treffen wesentliche Weichenstellungen vornehmen werde. So hat der ehemalige britische Außenminister David *Owen* der Erwartung Ausdruck gegeben, daß „Bundeskanzler Kohl einen europäischen Konsens zusammenbaut, um die weltweiten Schwierigkeiten unter den Sieben im Jahre 1985 unter Kontrolle zu bringen, so wie dies Helmut Schmidt 1978 in Bonn gelungen ist".[1] Bei der Prüfung der Umstände und des Themenkatalogs, der bei diesem Treffen ansteht, erscheint es jedoch eher zweifelhaft, ob solche Hoffnungen in Erfüllung gehen werden.

Seit Anfang der achtziger Jahre, besonders nach dem Mißerfolg von Versailles (1982) und dem Gipfel von Williamsburg (1983) hat sich der Charakter dieser Konferenzen, die nun in unregelmäßigen Abständen seit 1975 abgehalten werden, wesentlich verändert.[2] Wurden in den siebziger Jahren aus diesem Anlaß Entscheidungen der Regierungschefs angestrebt und teilweise auch erreicht, so liegt seitdem das Schwergewicht eher auf einem möglichst zwanglosen, persönlichen Gedankenaustauch. In dieses neue Muster dürfte sich auch der zweite Wirtschaftsgipfel von Bonn einfügen.

Auf Verlauf und Ergebnisse des Treffens in der Hauptstadt der Bundesrepublik Deutschland wird auch die Tatsache Einfluß haben, daß sich die Zusammensetzung des Kreises in den achtziger Jahren erheblich verändert hat. Waren die Treffen in den siebziger Jahren weitgehend von Regierungschefs geprägt, die eher dem linken oder progressiven Spektrum zuzurechnen waren, so überwiegen unter den Teilnehmern jetzt konservative Politiker, die aus ihrer allgemeinen Denkweise heraus dazu neigen, die Wirtschaft möglichst wenig durch staatliche Eingriffe und Direktiven zu lenken. Schon deshalb wird auf dem Bonner Gipfel wenig Neigung bestehen, gemeinsame Konzepte zu suchen, um sie dann von Seiten der Regierungen mit aller Kraft innenpolitisch durchzusetzen.

Der Offenheit der Gespräche dürfte dienen, daß mit Ausnahme des neuen kanadischen Premierministers, Brian *Mulroney,* und des Präsidenten der Kommission der Europäischen Gemeinschaften, Jacques *Delors,*[3] alle anderen Beteiligten bereits an früheren Gipfeltreffen der Sieben teilgenommen haben. Aber auch dieser Umstand

*Professor Robert D. Putnam,* Dekan des Department of Government, Harvard University, Cambridge, Mass., U.S.A. Dieser Beitrag beruht auf dem im März 1985 abgeschlossenen Schlußkapitel des Verfassers in dem von ihm gemeinsam mit Nicholas *Bayne* verfaßten Buch, Weltwirtschaftsgipfel im Wandel, das in diesen Tagen im Europa Union Verlag, Bonn, erscheint.

wird eher für eine aufgeschlossene Atmosphäre sorgen als die Entschlossenheit garantieren, zu festen, für die Teilnehmerstaaten verbindlichen Entscheidungen zu gelangen.

## WIRTSCHAFTSPOLITISCHE FRAGEN

Die Tagesordnungen der jüngsten Gipfel waren sehr viel mehr als während der trilateralen Ära der siebziger Jahre durch Entwicklungen im letzten Augenblick bestimmt, etwa durch das plötzliche Aufbranden der Sorgen über die Zinssätze und die Verschuldung der Dritten Welt im Frühjahr 1984. Dennoch zeichneten sich mehrere Themen für Bonn II schon etliche Monate vor dem Gipfel einigermaßen deutlich ab, darunter makroökonomische Fragen, Handel, Währungsprobleme, Nord-Süd-Probleme und Umweltschutz. Diese Themen sollen in den folgenden Abschnitten ausgelotet werden.

### Makroökonomische Fragen

In den Jahren 1984 und 1985 wurde und wird das Tempo der weltwirtschaftlichen Entwicklung von der amerikanischen „Lokomotive" bestimmt. Nach der Überhitzung im ersten Halbjahr 1984 gab es für die Wirtschaft der Vereinigten Staaten im dritten Quartal des Jahres eine Atempause. Daraufhin lockerten die amerikanischen Währungsbehörden die Zügel,[4] und dank der anhaltenden massiven Anreize für den Haushalt nahm das Wachstum im letzten Quartal erneut zu.[5] Viele Kritiker in den Vereinigten Staaten selbst wie auch im Ausland beschwerten sich lauthals über das starke Anwachsen des Haushaltsdefizits. Zu Beginn der Gipfelsaison 1985 stritten sich der Präsident und seine republikanischen Parteifreunde im Senat, wie das gemeinsame Ziel einer Verringerung des Haushaltsdefizits für 1986 um 50 Milliarden Dollar erreicht werden könne. Dessenungeachtet verbreitet die Regierung weiterhin einen schier unerschöpflichen Optimismus hinsichtlich der wirtschaftlichen Zukunft. Der Präsident brüstet sich damit, daß die Reaganomics „allen Neinsagern zum Trotz wundervoll funktionieren".[6]

In der Zwischenzeit erfreuten sich Europäer und Japaner eines exportorientierten Wachstums, wie sie es seit einem runden Jahrzehnt nicht mehr kannten. Unter dem Ansporn des starken Dollars schnellten beispielsweise die deutschen Ausfuhren in die Vereinigten Staaten 1984 um 42 Prozent empor. Frankreichs Exporte in die Vereinigten Staaten nahmen sogar um fast 50 Prozent zu.[7] Deutsche und andere Europäer sorgen sich zwar weiterhin, daß die amerikanischen Haushalts- und Handelsdefizite nicht aufrechtzuerhalten seien, doch bleibt ihre Kritik an der Reagan-Regierung im Vergleich zu früheren Jahren zurückhaltend. Ronald *Reagans* erdrutschartige Wiederwahl und der amerikanische Boom haben sein Prestige im Ausland beachtlich erhöht. Es kommt hinzu, daß der Haushaltsentwurf für 1986 das geringste Ausgabenwachstum seit zwei Jahrzehnten ausweist. In der Hoffnung, daß Kongreß und Regierung das Problem wenigstens angehen, haben sich die konservativen Gipfelkollegen des Präsidenten für Bonn II eine neue Taktik ausgedacht: Anstatt auf *Reagan* wegen seiner finanziellen Verantwortungslosigkeit einzuschlagen, wollen sie ihm „applaudieren" und ihn in seinen Anstrengungen zur Verringerung des Defizits „ermutigen".

Der offensichtliche Erfolg der Reaganomics in den Vereinigten Staaten ist, wie der italienische Ministerpräsident, Bettino *Craxi,* meint, dazu angetan, „nicht nur Italien, sondern ganz Europa nachdenklich zu machen".[8] In Europa zeichnet sich allmählich ein Konsens dahingehend ab, daß Arbeitsplatzbeschaffung einen stärker marktorientierten Ansatz brauche. Die Regierungen der Bundesrepublik, Großbritanniens und Italiens scheinen (gemeinsam mit der amerikanischen Regierung) bereit, den zweiten Bonner Gipfel als Resonanzboden für Vorschläge zur Beschränkung staatlicher Eingriffe, zum Abbau sozialer Programme und zur Verbesserung der „Flexibilität" am Arbeitsmarkt zu nutzen.

In allgemeiner wirtschaftlicher Hinsicht kann man also erwarten, daß Bonn II sich auf der Linie von London II bewegen und die marktorientierte, antiinflationäre mittelfristige Wirtschaftsstrategie der Regierungschefs bestätigen wird. Hinter den Kulissen gibt es allerdings Stimmen, die für eine gewichtige multilaterale Veränderung der Maßnahmenbündel in den wichtigsten Ländern eintreten, darunter für eine Verringerung des amerikanischen Haushaltsdefizits bei gleichzeitigem Ausgleich durch zusätzliche Steueranreize in der Bundesrepublik und in Japan. Ein solches Paket würde in mancherlei Hinsicht der Vereinbarung auf dem ersten Bonner Gipfel ähneln. Ministerpräsident *Craxi* drängt beispielsweise unter der Hand die Deutschen, ihre für 1986 geplanten Steuerleichterungen auf 1985 vorzuziehen.[9] Befürworter solcher Kursänderungen sind in jeder Regierung zu finden, aber in scharfem Kontrast zu 1978 tragen sich die Regierungschefs selbst ganz und gar nicht mit der Absicht, ihre Wirtschaftsstrategie zu revidieren. Ihre Parole für Bonn II lautet: „Weiter wie bisher."

## *Handel*

Der Ausblick auf das Gebiet des Handels ist weniger rosig, teils wegen der massiven Handelsbilanzdefizite im Verhältnis zwischen Amerika und seinen Partnern, teils wegen des „neuen Protektionismus". Vom starken Dollar angetrieben, setzt das amerikanische Handelsdefizit immer neue Rekordmarken, und dieses Defizit wiederum gibt den heimischen protektionistischen Tendenzen neuen Auftrieb. Obwohl die Reagan-Regierung in einigen Fällen solchem Druck widerstanden hat, wie beispielsweise kürzlich im Automobilsektor, wurde in den Vereinigten Staaten nach 1980 die Liste der Fertigwaren, die Einfuhrbeschränkungen unterworfen sind, sprunghaft länger. Dasselbe gilt (wenn auch in geringerem Umfang) für die Europäische Gemeinschaft. 1985 betrafen die Einfuhrbeschränkungen rund ein Drittel aller Fertigwarenprodukte — mehr als je seit vierzig Jahren.[10] Die anhaltende Importwelle löste im Kongreß Forderungen aus, Sonderzölle zu erheben und das Prinzip der „Gegenseitigkeit" im Handel besser zu beachten. „Freiwillige" bilaterale Vereinbarungen, die zur Zeit den Welthandel mit Stahl regulieren, könnten sich als Präzedenzfälle für andere Industriezweige erweisen. Massive und beispiellose japanische Handelsüberschüsse erregen auf beiden Seiten des Atlantik Ärger. Nüchterne Beamte, die Bonn II vorbereiten, fürchten, daß ein handelspolitischer „Bürgerkrieg" im Westen ein durchaus ernstzunehmendes Risiko sei. Und selbst wenn es nicht zu einem offenen Handelskrieg kommen sollte, geht die Unterminierung des multilateralen Freihandelssystems weiter.

Um solchen Gefahren vorzubeugen, bleibt erste Gipfelpriorität der Amerikaner und Japaner für 1985 (so wie schon 1984) die Initiative für eine neue GATT-Runde. Sie werden darin von den deutschen Gastgebern voll unterstützt. Auch die Briten sind – wenn auch etwas zurückhaltender – dafür. Aber auf Druck der Franzosen – die sich italienischer Unterstützung sicher sein können – tritt die Europäische Gemeinschaft auf der Stelle.[11] Eine neue GATT-Runde würde den Protektionisten den Wind aus den Segeln nehmen, vor allem in den Vereinigten Staaten: Sie könnte dazu beitragen, die weniger entwickelten Länder in das Weltwirtschaftssystem zu integrieren; sie würde die Perspektiven für eine strukturelle Anpassung und für mehr Beschäftigung in Europa verbessern; sie könnte dem Verfall des liberalen Weltwirtschaftsregimes entgegenwirken. Sie würde aber auch politisch heikle Probleme aufwerfen, und zwar alte Probleme (wie das Welttextil-Abkommen, das die Textilindustrien in Amerika und Europa schützt, oder die Gemeinsame Agrarpolitik der EG) und auch neue (wie der Dienstleistungsverkehr oder staatliche Subventionen für Industrien der Spitzentechnologie).

Die Gipfelstaaten können diese Probleme nicht allein lösen, vor allem weil im Mittelpunkt jeder neuen Handelsrunde Fragen stehen, die die Dritte Welt berühren, insbesondere die „neuen Industriestaaten" oder „Schwellenländer" wie Südkorea und Taiwan. Auf der anderen Seite kann angesichts der eisigen Atmosphäre auf der bürokratischen Ebene der traditionellen Institutionen und der mächtigen politischen Blockierung der tote Punkt in der Handelspolitik nicht ohne einen starken Impuls vom zweiten Bonner Gipfel überwunden werden.

Die unmittelbaren Fragen beziehen sich auf den Zeitplan und die Tagesordnung einer neuen GATT-Runde. Die Amerikaner und ihre Verbündeten wünschen die Aufnahme vorbereitender Gespräche für Mitte 1985. Die förmlichen Verhandlungen sollen dann Anfang 1986 beginnen. Die mit ihren eigenen internen Problemen beladene Europäische Gemeinschaft, die zudem unter starkem französischem Druck steht, hält dagegen, daß man sich erst über die Tagesordnung verständigen müsse. Seit dem Gipfel in Ottawa 1981 drängen die Amerikaner auf Gespräche über Landwirtschaft, Spitzentechnologie, Dienstleistungen, nichttarifäre Handelsschranken und Handel mit der Dritten Welt. Aber jedes dieser Themen ist so umstritten, daß schon eine Entscheidung über den Verhandlungsgegenstand äußerst schwierig ist. Außerdem machen die Gegner der GATT-Runde geltend, daß Amerikaner und Japaner erst einmal ihre eigenen „protektionistischen Häuser" in Ordnung bringen müßten.

Politisch gesehen bedürfen die entscheidenden Handelsprobleme auf der Bonner Tagesordnung einer Bewegung seitens der Europäischen Gemeinschaft. Das wiederum bedeutet hartes Verhandeln zwischen Deutschen und Franzosen. Die Amerikaner befürchten, daß Kommissionspräsident *Delors* sich in Handelsfragen exzessiv „französisch" verhalten könnte, viele Europäer erwarten dagegen von ihm eine dynamischere, weniger defensive Strategie. Während der Vorbereitungen für Bonn II wollten die Franzosen Fortschritte auf handelspolitischem Gebiet mit „parallelen" Fortschritten auf währungspolitischem Gebiet verknüpfen.[12] Das ist eine schon seit Williamsburg vertraute Position, wenn sie aber zu nachhaltig verfochten wird, kann sie jeden handelspolitischen Fortschritt blockieren, zumal François *Mitterrands* Vorschlag einer „neuen Bretton-Woods-Konferenz" (wie wir noch sehen werden) buchstäblich keinen einzigen Befürworter bei den anderen Gipfelländern findet.

Handelsverhandlungen zeichnen sich durch harte Auseinandersetzungen aus. Bis zum letzten Augenblick dürfte ungewiß bleiben, ob es auf dem zweiten Bonner Gipfel zu substantiellen Fortschritten hinsichtlich einer neuen Handelsrunde kommen wird. Die Bedeutung des Gipfels 1985 hängt in hohem Maße von dieser Frage ab, denn wenn die Teilnehmer die nichtssagenden und unverbindlichen Formulierungen des zweiten Londoner Gipfels zu diesem Punkt wiederholen, dürfte die Glaubwürdigkeit der westlichen Gipfeldiplomatie weiter abnehmen. Wenn andererseits Bonn II (wie Bonn I) gewichtige Fortschritte in Richtung Handelsliberalisierung unter Beweis stellt, werden damit bessere Aussichten für die internationale Wirtschaftskooperation signalisiert.

### Internationale Währungsprobleme

Seit dem Tag, an dem sich die Regierungschefs auf dem zweiten Londoner Gipfel verabschiedeten, wurden die internationalen Devisenmärkte von Turbulenzen geschüttelt. Im März 1985 hatte der Dollar im Vergleich zum Vorjahr eine Wertsteigerung von 25 Prozent erfahren, im Vergleich zu 1980 sogar von rund 80 Prozent. Als dieser kaum erklärliche Anstieg anhielt, begannen einige westliche Regierungen, ihr Vertrauen in die Weisheit der Märkte ein wenig zu verlieren. Als die britische Regierung gezwungen war, innerhalb von drei Monaten die Zinsen von neun auf vierzehn Prozent zu erhöhen, um – vergeblich – das Pfund zu stützen, soll Premierministerin Margaret *Thatcher* dem Vernehmen nach Präsident *Reagan* um Hilfe gebeten haben.[13] Unterdessen sorgen sich immer mehr Amerikaner um die Kosten der Dollarstärke in bezug auf die Handelsbilanz und die amerikanische Industriestruktur. Der Präsident der amerikanischen Bundesbank, Paul *Volcker,* beschwerte sich, daß der starke Dollar die Währungspolitik im eigenen Land erheblich belaste. Bei einem Treffen der Fünfer-Gruppe der Finanzminister Mitte Januar 1985 war es, wie der britische Schatzkanzler Nigel *Lawson* später berichtete, „gemeinsame Auffassung, daß der Dollar erheblich überbewertet ist, und daß dies zu einer konzentrierten Aktion führen muß".[14]

Im September 1984, also noch ehe die Winterstürme den Dollar weiter angehoben hatten, bezeichnete der IWF den hohen Dollarkurs als „unerträglich" und „schädlich" für die Vereinigten Staaten und die Wirtschaft anderer Länder. Zu Beginn des Jahres 1985 war jedoch die internationale Kritik an der Dollarstärke (und damit an der amerikanischen makroökonomischen Politik) weniger scharf als in den Jahren zuvor. Dies kann zum Teil darauf zurückgeführt werden, daß Europäer und Japaner inzwischen vom Exportboom profitierten. Sogar der französische Finanzminister, Pierre *Beregovoy,* bemerkte, daß der starke Dollar „nicht nur Nachteile hat".[15] Inzwischen sind die europäischen Beamten weniger über die derzeitigen Folgen der Dollarstärke (Hochzinsen, Kapitalabfluß, Inflation, Verschuldungskrise) als vielmehr über die Frage besorgt: „Wie soll das weitergehen?" Die Deutschen fürchten den amerikanischen Protektionismus (als Reaktion auf den hohen Dollarkurs) oder einschneidende Maßnahmen (als Reaktion auf einen möglichen Dollarkollaps), während die Briten fürchten, daß die Amerikaner der Versuchung erliegen könnten, sich aus ihrer wachsenden Verschuldung „herauszuinflationieren".

Der wichtigste Faktor allerdings, der die zurückhaltende Kritik an der Dollarstärke erklärt, ist das mangelnde Verständnis für die Ursachen dieses schnellen Anstiegs und das vielleicht noch mangelndere Einvernehmen über die Art und Weise, wie der Dollar von seinem Höhenflug vorsichtig wieder heruntergebracht werden könne. Die alte These, daß die hohen amerikanischen Zinssätze die Stärke des Dollars erklären, war nicht länger zu halten, denn als 1984/85 die amerikanischen Zinsen fielen und die europäischen Zinsen stiegen, hielt der Dollaranstieg dennoch an. Einige Europäer hatten die Hoffnung, daß die Amerikaner jetzt mehr Bereitschaft zeigen würden, auf dem Markt zu intervenieren, um die Dollarfluktuationen zu dämpfen, aber Präsident *Reagan* machte schnell klar, daß er es ablehne, mit dem Dollarkurs „herumspielen".[16] Außerdem waren nur wenige Experten überzeugt, daß Interventionen allein etwas nutzen würden. „Unsere Intervention soll die Spekulation abschrecken und nicht den Grundkurs des Dollars verändern", sagte ein europäischer Beamter. „Die Wahrheit ist, daß wir wirklich nicht wissen, wie wir eine ‚weiche Landung' des Dollars bewerkstelligen sollen." Der neue amerikanische Finanzminister, James *Baker,* räumte schließlich ein, daß es zwischen dem Wechselkurs und dem amerikanischen Haushaltsdefizit einen Zusammenhang gibt; aber auch das versprach keine leichte Lösung der Dollarbewegungen.[17] Ein Anpacken dieser „fundamentals" (von denen heute jedermann überzeugt ist, daß sie den Dollarkurs bestimmen) würde genau jene Anpassungen der binnenwirtschaftlichen Politik erfordern, die von den Gipfelteilnehmern nach wie vor abgelehnt werden.

Die gemeinsame Studie über internationale Währungsfragen, die in Williamsburg beschlossen und von der Zehner-Gruppe durchgeführt wurde, sollte in Form eines vorläufigen Berichts auf dem zweiten Bonner Gipfel vorliegen. Aber der Schlußbericht wurde bis zum Treffen des IWF-Interimausschusses nach dem Gipfel vertagt. Dem Vernehmen nach soll auf diese Weise eine sinnlose Konfrontation mit den Franzosen vermieden werden, die mit ihrer Kampagne für eine grundlegende Reform des Systems, etwa durch die Festlegung von Bandbreiten für Wechselkursschwankungen, völlig isoliert sind. Amerikaner, Deutsche, Briten und andere glauben fest daran, daß es zum geltenden System keine vernünftige Alternative gibt.

Deshalb ist es, teils wegen intellektueller Ungewißheit, teils wegen politischer Ausweglosigkeit, wenig wahrscheinlich, daß es auf dem zweiten Bonner Gipfel zu grundsätzlichen Bewegungen in der Weltwährungspolitik kommen wird, auch wenn die ungewöhnlichen Turbulenzen auf den Devisenmärkten vor dem Gipfeltreffen zu einigen beruhigenden Erklärungen der Regierungschefs Anlaß geben.

### Nord-Süd-Fragen

Anfang 1985 trafen vier Faktoren zusammen, die bewirkten, daß die Lösung der Schuldenkrise nicht mehr ganz so dringlich gesehen wird: das anhaltende Wachstum der westlichen, vor allem amerikanischen Exportmärkte zugunsten der ärmsten Entwicklungsländer (Less Developed Countries — LDCs); erste Erfolge der wichtigsten Schuldnerstaaten bei der Durchführung ihrer Anpassungsprogramme; ein allmähli-

ches Fallen der amerikanischen Zinsen in der zweiten Hälfte 1984, und ein verbesser-
tes Klima als Folge der Erklärung des zweiten Londoner Gipfels, daß ein Wohlverhal-
ten der Schuldnerländer mit großzügigeren Umschuldungsregelungen belohnt wird.
Der Dialog zwischen Schuldnern und westlichen Gläubigern wurde auf den Tagun-
gen des IWF-Interimausschusses und des Entwicklungsausschusses im April 1985
fortgeführt. Ganz gleich, wie man diese Treffen bewerten mag, muß der Gipfel (wie
ein britischer Beamter sich ausdrückte) „die Fäden weiterspinnen". Dennoch ist für
Bonn II keine größere Innovation auf diesem Gebiet vorgesehen. Von den isolierten
Franzosen abgesehen, die weiterhin auf mehr Entwicklungshilfe und größere weltweite Liquidität drängen, sind die wichtigsten am Gipfel teilnehmenden Regierungen in erster Linie daran interessiert, ihre bereits in London II skizzierte Strategie zu
bekräftigen: wachsende und offene westliche Märkte, um die LDCs in das internationale System zu integrieren; Umschuldung Fall-für-Fall; längerfristige Privatinvesti-
tionen in die LDCs und weitere strukturelle Anpassungsmaßnahmen in den LDCs
selbst. Als die Gipfelvorbereitungen für Bonn II begannen, hatte man die innenpoliti-
schen Kosten der harten Sparmaßnahmen in Schuldnerländern wie Argentinien und
Brasilien noch nicht voll ermessen. Für eine ernstzunehmende Diskussion solcher
politischen Risiken scheinen die Sieben unvorbereitet.

Die Hungersnot in Afrika ist ein Problem von besonderer Dringlichkeit. Die Gipfelteilnehmer konnten sich nicht auf den Vorschlag der Weltbank, einen Nothilfe-
fonds in Höhe von einer Milliarde Dollar bereitzustellen, einigen. Aber selbst die
skeptischen Amerikaner und Deutschen müssen anerkennen, daß die Gipfelteilnehmer unter politischen Druck stehen, etwas zum Elend der sterbenden Dürreopfer zu
sagen, und das Gipfelkommuniqué wird höchstwahrscheinlich eine entsprechende
Passage enthalten.

### Umweltschutz

Die deutschen Gastgeber beharren darauf, die traditionelle Tagesordnung der
Wirtschaftsgipfel um einen neuen Punkt zu erweitern — Umweltschutz.[18] Die anderen Gipfelländer anerkennen die Bedeutung dieser Frage für die deutsche Politik, in
der die Umweltverschmutzung im öffentlichen Bewußtsein sofort hinter der Arbeitslosigkeit rangiert. Selbst die sozialdemokratische Opposition räumt unter der Hand
ein, daß die Regierung unter Helmut *Kohl* auf diesem Gebiet die politische Initiative
ergriffen hat. Weithin besteht Übereinstimmung, daß eine Erklärung des Gipfels zu
Fragen des Umweltschutzes der Bundesregierung helfen würde, die Kritik der Grünen abzuwehren.

Die anderen Gipfelteilnehmer sind bereit, sich auf rhetorische Floskeln über die
Bedeutung des Umweltschutzes einzulassen. Aber die dahinterliegenden Probleme,
wie der saure Regen, sind dazu angetan, die Bundesrepublik mit ihren europäischen
Partnern und Kanada mit den Vereinigten Staaten in Konflikt zu bringen. Die konservativen Regierungen in Großbritannien und den USA sind höchst skeptisch hinsichtlich einiger der vorgeschlagenen Lösungen für Verschmutzungsprobleme; sie halten
sie für kostspielig und unbewiesen. Die in Versailles gegründete „Technologiegrup-
pe" hat seit London II an Umweltfragen gearbeitet. Ihr Bericht, von dem erwartet

wird, daß er zu verstärkter wissenschaftlicher Zusammenarbeit auffordert, soll bis zum zweiten Bonner Treffen vorliegen. Die Deutschen hoffen, auf dem Gipfel eine Verständigung auf verstärkte internationale Forschung über gemeinsame „Umweltnormen" zu erreichen, aber einige Amerikaner und Briten fürchten, daß eine solche Vereinbarung ein erster Schritt in Richtung internationale Regulierungen sein könnte. Seit Beginn der Gipfelvorbereitungen kann man wohl voraussagen, daß den Teilnehmern zur Überbrückung dieser Kluft noch etwas einfallen wird.

## POLITISCHE FRAGESTELLUNGEN

Die Haltung der derzeitigen Gipfelteilnehmer hinsichtlich der Wünschbarkeit staatlicher Eingriffe in das Wirtschaftsleben ist in den letzten Jahren eher noch zurückhaltender geworden. Aber die gleichen Regierungschefs sind weit von jedem Laissez faire auf außen- und sicherheitspolitischem Gebiet entfernt, so daß diese Fragen auf den Tagesordnungen der Gipfel zunehmend an Gewicht gewinnen. Krisen im letzten Augenblick waren für die politische Tagesordnung oft entscheidender als für die wirtschaftliche Tagesordnung. Es ist aber bereits darauf hingewiesen worden, daß politische Diskussionen sehr viel rudimentärer vorbereitet wurden als wirtschaftliche Diskussionen. Sicher ist nur, daß in Bonn politische Fragen erörtert werden, aber welche Fragen diskutiert werden, ist außerordentlich schwierig vorherzusagen. Dennoch ist es höchst wahrscheinlich, daß zumindest zwei Themen besondere Aufmerksamkeit auf sich ziehen werden: zum einen die Ost-West-Beziehungen, Rüstungskontrolle sowie die Sicherheitspolitik des Bündnisses; zum anderen der vierzigste Jahrestag (vier Tage nach Beendigung des Gipfels) des Endes des Zweiten Weltkriegs in Europa, worauf später noch zurückzukommen ist. Andere denkbare Themen für informelle Gespräche unter den Regierungschefs während des zweiten Bonner Gipfels dürften der internationale Terrorismus, die neuen Entwicklungen im Nahen und Mittleren Osten und vielleicht die amerikanische Politik in Mittelamerika sein. Eine öffentliche Erklärung des Gipfels ist nur in Hinblick auf den Terrorismus wahrscheinlich. Experten aus den Teilnehmerstaaten haben sich informell getroffen, um die in London II erhobene Forderung nach verstärkter Zusammenarbeit weiterzuverfolgen. Mehrere Terroristenanschläge, insbesondere auf NATO-Einrichtungen, haben erneut die Aufmerksamkeit auf diese Frage gelenkt. Den Amerikanern könnte daran gelegen sein, Bonn II zu nutzen, um die Aufmerksamkeit auf die konventionelle Verteidigung und die „Lastenteilung" unter den Verbündeten zu lenken, zumal im Kongreß die Kritik an den Versäumnissen der Europäer in den letzten Jahren immer schärfer wird.[19] Bonn könnte sich als ein besonders günstiger Ort für eine Demonstration des strategischen Zusammenhalts des Bündnisses erweisen, und es ist wenig wahrscheinlich, daß die Franzosen eine Gipfelerklärung zu diesen Themen verhindern.

### Ost-West-Beziehungen und westliche Sicherheit

In den vergangenen fünf Jahren eisiger Ost-West-Beziehungen war die Einheit des Bündnisses auf eine harte Probe gestellt. Diese Einheit wird jetzt in anderer Weise herausgefordert: durch die unterschiedlichen Vorstellungen der Bündnispartner, wie (und wie schnell) ein besseres Verhältnis zur Sowjetunion angestrebt werden soll. Dabei werden die Wirtschaftsbeziehungen zwischen Ost und West die Gipfelteilnehmer wahrscheinlich nicht beunruhigen, da sogar die Reagan-Regierung neuerdings mit der Sowjetunion über verstärkten Handel spricht. Im Mittelpunkt dürften auf dem Bonner Gipfel vielmehr die Rüstungskontrolle und die westliche Sicherheitspolitik stehen.

Am stärksten ist im Bündnis *Reagans* Initiative zur Strategischen Verteidigung umstritten, deren Bekanntgabe im März 1983 die Partner der Vereinigten Staaten völlig überrascht hat.[20] Ihre erste Reaktion war Argwohn. Wie jeder plötzliche Wandel der amerikanischen Strategie löste auch diese Initiative Angst vor einer „Abkopplung" aus: Unter dem neuen Weltraumschutz könnten die Vereinigten Staaten die Verteidigung Europas vernachlässigen. In Großbritannien und Frankreich kam die Sorge hinzu, die Glaubwürdigkeit der britischen und französischen Abschreckungsstreitkräfte würde untergraben, wenn es zum Aufbau eines erfolgreichen Systems der Verteidigung gegen weitreichende Nuklearraketen käme. Präsident *Mitterrand* sprach sicher für viele Europäer, als er *Reagans* Initiative als Musterbeispiel für „Überrüstung" bezeichnete.[21]

Inzwischen hat sich die Einstellung einiger wichtiger Bündnispartner verändert. Sowohl die britische Premierministerin *Thatcher* als auch Bundeskanzler *Kohl* haben sich unter bestimmten Vorbehalten positiv zu der Idee geäußert. Bei *Kohls* Stellungnahme spielt offenbar eine Rolle, daß er damit rechnet, die Vereinigten Staaten würden ihre Forschung auf diesem Gebiet auf jeden Fall weiter vorantreiben und ihre Vorstellungen seien „von innen" besser zu beeinflussen als durch Kritik von außen. Auch fällt es der Bundesrepublik Deutschland leichter, eine Unterstützung der Initiative des amerikanischen Präsidenten ins Auge zu fassen, als den Franzosen, die über eine eigene Abschreckungsmacht verfügen.

Auf der Bonner Gipfelkonferenz dürfte die amerikanische Regierung bestrebt sein, die allgemeine Unterstützung der Bündnispartner für das Projekt zu gewinnen. Sie wird voraussichtlich argumentieren, daß es jetzt zu Beginn der neuen Verhandlungen in Genf darauf ankomme, westliche Solidarität zu demonstrieren. Dieses Argument gewinnt dadurch an Gewicht, daß selbst europäische Kritiker einräumen, in erster Linie sei es der Initiative zur Strategischen Verteidigung zu verdanken, daß die Sowjetunion an den Verhandlungstisch zurückgekehrt ist. Da aber Frankreich wohl bei seiner ablehnenden Haltung bleiben wird, ist nicht ausgeschlossen, daß dieses Thema auf der Bonner Konferenz zum Gegenstand größerer Auseinandersetzungen wird; wahrscheinlich wird versucht werden, dies durch Kamingespräche und zweiseitige Erklärungen zu vermeiden.

## AUSSICHTEN FÜR BONN II

Während des ersten Bonner Gipfels im Jahre 1978 wurde die anspruchsvollste Paketvereinbarung getroffen, die je auf einem westlichen Gipfel zustande kam: Die Amerikaner drosselten ihren Ölverbrauch und begannen, ihrer Inflation zu Leibe zu rücken; Japan und die Bundesrepublik kurbelten ihre Wirtschaft an; und die anderen verständigten sich auf wichtige Handelsmaßnahmen. Das Rohmaterial für ein solches Paket liegt auch diesmal bereit, wie der hier dargestellte Katalog der anstehenden Themen und Probleme zeigt. Theoretisch wäre ein Bündel verhandlungsfähiger nationaler Konzessionen auf den verschiedenen Gebieten vorstellbar, die unter dem Strich alle Beteiligten zufriedenstellen. Tatsächlich ist es aber so gut wie ausgeschlossen, daß Bonn II eine solche Paketlösung produziert. Die westlichen Regierungschefs in der Mitte der achtziger Jahre sind weit weniger als ihre Vorgänger in den siebziger Jahren daran interessiert, die Gipfeldiplomatie zum Ausgleich innen- und außenpolitischer Pressionen zu nutzen. Als Gesprächsforum behalten die Weltwirtschaftsgipfel ihren Wert; hinsichtlich der Ergebnisse darf man aber die Erwartungen nicht zu hoch schrauben.

## ANMERKUNGEN

[1] *The Times*, 10. 6. 1984.

[2] Vgl. hierzu Nicholas *Bayne*, Die westlichen Wirtschafts-Gipfeltreffen, in: EA 2/1984, S. 43 ff.

[3] Als französischer Finanzminister hatte Jacques *Delors* allerdings an vier vorangegangenen Gipfeln teilgenommen.

[4] In der Zeit vom September bis Dezember 1984 fiel die „prime rate" von 13 auf 11 Prozent.

[5] Das Wachstum der amerikanischen Wirtschaft belief sich in der ersten Hälfte 1984 auf 8,3 Prozent, im dritten Quartal (auf das Gesamtjahr bezogen) auf nur 1,6 Prozent und im vierten Quartal auf 3,9 Prozent.

[6] *New York Times*, 23. 1. 1985.

[7] *New York Times*, 28. 2. 1985 und 4. 3. 1985.

[8] *New York Times*, 3. 3. 1984.

[9] Empfehlungen dieser Art wurden u. a. ausgesprochen von Helmut *Schmidt*, in: *Die Zeit*, 15. 2. 1985; Paul *Volcker*, in: *New York Times*, 28. 2. 1985; Henry *Owen*, The Summit and the Dollar, in: *Foreign Affairs*, Winter 1984/85, S. 344—359 und von der Trilateralen Kommission: David *Owen*, Zbigniew *Brzezinski* und Saburo *Okita*, Democracy Must Work, New York 1984.

[10] *The Economist*, 2. 3. 1985. Laut Jacques *de Larosière*, Geschäftsführender Direktor des IWF, umfaßten Handelsbeschränkungen in den Vereinigten Staaten und in der Europäischen Gemeinschaft 1983 etwa 30 Prozent des Gesamtkonsums an Fertigwaren im Vergleich zu nur 20 Prozent im Jahr 1980 (*New York Times*, 6. 2. 1985).

[11] Interessanterweise wird hier die gleiche handelspolitische Linie wie beim ersten Bonner Gipfel aufgezeichnet, nur daß sich 1985 die Japaner stärker für Handelsliberalisierungen aussprechen.

[12] In der Gemeinschaft soll Frankreich angeblich eine ganz ähnliche Linie verfolgen und handelspolitische Fortschritte von europäischen währungspolitischen Fortschritten abhängig machen.

[13] *New York Times*, 25. 1. 1985.

[14] *New York Times*, 27. 1. 1985.

[15] *New York Times*, 4. 3. 1985.

[16] Ebenda.

[17] Ebenda.

[18] Angesichts fallender Ölpreise und zunehmender Streitigkeiten innerhalb der OPEC wurden Energiefragen von der Tagesordnung des Gipfels gestrichen. Andererseits wird vom Gipfel 1985 erwartet, daß er der von den Vereinigten Staaten in London II angekündigten bemannten Raumstation zustimmt.

[19] *International Herald Tribune*, 19. 2. 1985.

[20] Ein umfassender Bericht über Geschichte, Technologie, Strategie, Politik und Diplomatie der Initiative zur Strategischen Verteidigung ist in einer Reihe von sechs Artikeln in: *New York Times*, 3.—8. 3. 1985, enthalten. Vgl. hierzu auch die Dokumentation in: EA 6/1985, S. D 147—186.

[21] *International Herald Tribune*, 8. 1. 1985.

# Die Binnen- und Außenwirtschaftspolitik der Vereinigten Staaten unter der Regierung Reagan

*Von Jens van Scherpenberg*

Als Bewerber um ein erneutes Mandat der amerikanischen Wähler konnte Ronald *Reagan* im Herbst 1984 eine eindrucksvolle wirtschaftliche Erfolgsbilanz präsentieren. Nach einer ausgeprägten Rezession in den ersten zwei Jahren seiner Präsidentschaft hatte sich in den folgenden beiden Jahren in den Vereinigten Staaten ein wirtschaftlicher Aufschwung entwickelt, dessen Dynamik allenfalls mit den frühen fünfziger Jahren zu vergleichen war. Die Wachstumsrate des realen Bruttosozialprodukts, das 1982 um 2,1 % gesunken war, stärker als in jedem anderen westlichen Industrieland mit Ausnahme Kanadas, erreichte bereits 1983 wieder 3,7 % und 1984 mit 6,8 % schließlich den höchsten Wert seit dem Korea-Krieg. Zugleich fiel die Arbeitslosenquote von 10,4 %, ihrem Höchstwert Anfang 1983, auf 7,2 % im vierten Quartal 1984. Es entstanden 6,4 Millionen neue Arbeitsplätze. Die Inflationsrate konnte von 13,5 % im Jahre 1980 auf 3,2 % 1983 beziehungsweise 4,3 % 1984 gedrückt werden. Zum erstenmal seit mehreren Jahren nahmen die Realeinkommen der Arbeitnehmer wieder zu.

Dies sind nur die wichtigsten jener Daten, die sich für die Mehrzahl der Amerikaner in greifbaren Verbesserungen ihrer wirtschaftlichen Existenzbedingungen ausdrückten und so eine Grundlage für den neuerlichen Wahlerfolg des Präsidenten wurden. Die Negativposten dieser Bilanz schlugen demgegenüber im Wahlergebnis kaum zu Buch, obwohl auch sie sich für weite Teile der Bevölkerung schmerzlich bemerkbar machen. Die wirtschaftliche Belebung hatte nicht nur die hohe Zahl derjenigen kaum sinken lassen, deren verfügbares Einkommen unter der Armutsgrenze liegt. Auch war an einigen Wirtschaftszweigen der Aufschwung — durch rückläufige Erlöse beziehungsweise wachsende Importkonkurrenz — ziemlich spurlos vorübergegangen, an der Landwirtschaft etwa und der Textil- und Bekleidungsindustrie. Das anhaltend hohe Realzinsniveau führte unterdessen, abgesehen von der Verschuldungskrise der Dritten Welt, zu immer mehr Fällen von Zahlungsunfähigkeit im Unternehmenssektor und in der Folge zu schweren Liquiditätsproblemen innerhalb des amerikanischen Bankenapparates.

Die Staatsverschuldung weist jetzt bereits im fünften Jahr höhere Zuwachsraten als jemals nach dem Zweiten Weltkrieg auf; sie wird sich in diesem Jahr gegenüber 1980 auf 1840 Milliarden Dollar verdoppeln. Der Wechselkurs des Dollar gegenüber der zweitwichtigsten internationalen Reservewährung, der Deutschen Mark, stieg von seinem Tiefpunkt im Jahr 1980 bis zum Februar 1985 um 100 %. Und das Defizit der

Dr. *Jens van Scherpenberg*, Forschungsinstitut für Internationale Politik und Sicherheit, Stiftung Wissenschaft und Politik, Ebenhausen bei München.

Handelsbilanz sprengte zum Jahresende 1984 sowohl absolut (123,3 Milliarden Dollar) wie auch bezogen auf das Bruttosozialprodukt alle gewohnten Größenordnungen.

## DIE WIRTSCHAFTLICHE KONZEPTION DER REGIERUNG REAGAN

Das wirtschaftspolitische Programm, mit dem die Regierung *Reagan* 1981 die Arbeit aufnahm, verfolgte das Ziel, den Vereinigten Staaten in möglichst kurzer Zeit das Maß an wirtschaftlicher Handlungsfreiheit zurückzugeben, das als erforderlich galt, ihre politische und militärische Dominanz, mit der notwendigen drastischen Ausweitung des Verteidigungsetats, wiederherzustellen. Durch progressive Entlastung bei der Einkommen- und Körperschaftsteuer sowie durch die Beseitigung von wettbewerbshemmenden und damit volkswirtschaftlich kostenträchtigen Marktregulierungen und staatlichen Auflagen wurden nachhaltig günstigere Kalkulationsgrundlagen für die privaten Einkommens- und Gewinnerwartungen geschaffen. Auf diese Weise sollten unmittelbar die private Kapitalbildung gefördert und die Leistungs- und Investitionsbereitschaft, die Angebotsseite der Wirtschaft, belebt werden. Das so inganggebrachte wirtschaftliche Wachstum werde per Saldo zu einem größeren Steueraufkommen führen, als es mit dem alten, höheren Besteuerungsniveau je zu erzielen gewesen wäre, lautete die These des kalifornischen Ökonomen Arthur *Laffer*, der auf die Grundzüge des Reaganschen Steuersenkungsprogramms maßgeblichen Einfluß genommen hatte.

Die Vereinigten Staaten wieder zu einem Land zu machen, in dem es sich zu investieren lohnt, wurde zu einer Aufgabe erster Priorität. Sie war und ist Bedingung für die übergeordnete wirtschaftspolitische Zielsetzung der Regierung *Reagan*: den Anteil der Verteidigungsausgaben an Staatshaushalt und Bruttosozialprodukt dauerhaft erheblich zu steigern, ohne damit das Wachstumspotential der Wirtschaft zu beeinträchtigen. Neben den steuerpolitischen Maßnahmen sollte diesem Ziel vor allem die Budgetpolitik dienen.

### Die Budgetpolitik

In den budgetpolitischen Projektionen der Regierung *Reagan* von 1981 für die Haushaltsjahre 1982 bis 1986 war folgendes geplant: Trotz eines Steuerentlastungsbetrages, der bis 1986 214 Milliarden Dollar erreichen sollte, und trotz einer jährlichen Steigerung der Verteidigungsausgaben um bis zu 40 Milliarden Dollar sollte bis 1984 das von der Carter-Administration übernommene Haushaltsdefizit von 60 Milliarden Dollar auf Null zurückgeführt werden. Geschehen sollte dies durch Streichungen nichtmilitärischer öffentlicher Ausgaben um zunächst 50 Milliarden (1982) bis 100 Milliarden Dollar (1986) sowie durch erwartete zusätzliche Steuereinnahmen aus induziertem Wachstum in Höhe von ungefähr 190 Milliarden bis 1984, 332 Milliarden bis 1986.[1] Die Inanspruchnahme des Sozialprodukts durch den Bundeshaushalt sollte so von 23 % 1981 auf 19 % 1986 zurückgehen.

In den Daten zu Beginn des Jahres 1985 sind die meisten dieser Projektionen von 1981, außer der Zunahme des Verteidigungshaushalts, nicht mehr annähernd zu erkennen: 1. Die steuerliche Entlastung ist durch Erhöhung vor allem der Sozialabgaben zu einem beträchtlichen Teil wieder ausgeglichen worden. Es bleibt ein Entlastungssaldo von 117 Milliarden Dollar für 1985. 2. Die Verteidigungsausgaben stiegen um durchschnittlich 24 Milliarden jährlich auf 254 Milliarden Dollar 1985. 3. Die übrigen Ausgaben nahmen um 42 % statt ursprünglich geplanter 14 % zu. 4. Die Steuereinnahmen erhöhten sich von 1981 bis 1984 nur um 66 Milliarden Dollar, wovon allein 60 Milliarden auf erhöhte Sozialabgaben entfallen. 5. Das Haushaltsdefizit verschwand nicht, sondern hat sich seit 1981 nahezu vervierfacht, auf erwartete 222 Milliarden im laufenden Haushaltsjahr. 6. Der Anteil der Haushaltsausgaben am Bruttosozialprodukt sank nicht um 4 %, sondern nahm um fast 2 % auf 24,8 % zu.

Als Ursache für diese Diskrepanz von Zielsetzung und Realisierung verweist die Regierung im jüngsten „Economic Report of the President" auf die unerwartet starke Rezession von 1981/82. Für deren Länge und Schwere macht sie den Federal Reserve Board und die Unbeständigkeit seiner Geldmengensteuerung mitverantwortlich.[2] Die restriktive Geldmengen- und Zinspolitik der „Fed" hatte ihrerseits freilich ihren Grund darin, daß die wirtschaftspolitische Konzeption der Regierung sich schnell als nicht stimmig erwies. Die annähernd gleichzeitige Realisierung der drei Teilziele — Senkung der Steuerbelastung, Erhöhung der Verteidigungsausgaben und Senkung der nichtmilitärischen Ausgaben über das Steigerungsmaß der Verteidigungsausgaben hinaus — war Bedingung für den Abbau des Haushaltsdefizits. Dessen glaubhafte Inangriffnahme wiederum war Voraussetzung für eine Lockerung der Geldpolitik und damit eine Senkung des Zinsniveaus. Mit ihrer Entschlossenheit, am Programm der Steuersenkung und der gleichzeitigen Anhebung der Verteidigungsausgaben keine Abstriche aus budgetpolitischen Gründen zu machen, auch als sich schon um die Jahreswende 1981/82 die alle Projektionen sprengende Zunahme des Haushaltsdefizits abzeichnete, bürdete die Regierung dem Federal Reserve Board den stabilitätspolitischen Teil des Regierungsprogramms allein auf. So trug dessen Politik des knappen Geldes im Jahr 1982 wohl unvermeidlich zur Vertiefung und Verlängerung der Rezession bei.

Andererseits konnten auf diese Weise für die Inflationsrate als einzigen unter den wichtigen volkswirtschaftlichen Parametern bis 1984 deutlich günstigere Werte erzielt werden, als in den Projektionen der Regierung *Reagan* vorgesehen war. Erreicht wurde dieses Ergebnis unter den besonderen Bedingungen einer Politik, die um der raschen Ausweitung der Verteidigungsausgaben willen ihren eigenen „angebotsorientierten" Anspruch, das Sozialprodukt von einem überhöhten Staatsanteil zu entlasten, de facto aufgab. Die restriktive Geldpolitik der „Fed" verband sich so mit einer quasi keynesianischen Fiskalpolitik staatlicher Nachfrageausweitung. Unmittelbares Resultat dieser widersprüchlichen Kombination war ein Realzinsniveau, das sich seit 1981 in der noch nie dagewesenen Höhe von 6—8 % bewegt. Es ist Ausdruck der scharfen Konkurrenz von Staat und privaten Kapitalnachfragern um die nationale Ersparnisbildung.

Daß der Unternehmenssektor in dieser Konkurrenz mitzuhalten vermag, schreibt *Reagans* Council of Economic Advisers (CEA) zwar mit Recht der gestiegenen Kapitalrentabilität nach Steuern aufgrund des Steuersenkungsprogramms zu, insbesondere den weitreichenden Abschreibungserleichterungen für Neuinvestitionen.[3] Jedoch ist dies nicht unbedingt die Erfolgsmeldung, als die sie der CEA ansieht. Denn für den Unternehmenssektor insgesamt stehen damit niedrigeren Ertragssteuern höhere Kapitalkosten gegenüber. Nur die hohen Netto-Kapitalzuflüsse aus dem Ausland — 1984 rund 100 Milliarden Dollar — begrenzten bislang das gefürchtete „Crowding out", die Verdrängung privater durch die staatliche Kapitalnachfrage. Sie sind damit, wie gerade Paul *Volcker,* der Vorsitzende des Federal Reserve Board, immer wieder deutlich macht,[4] eine wesentliche Bedingung für die Vereinbarkeit einer hohen Nettoinvestitionsrate mit dem gegenwärtigen Budgetdefizit.

Die Vermeidung eines inneren Crowding out wird jedoch erkauft durch ein „internationales Crowding out".[5] Es zeigt sich vor allem an der Verschuldungskrise der Dritten Welt, deren Hauptschuldnerstaaten von der notwendigen weiteren Kapitalzufuhr abgeschnitten wurden und sich gezwungen sahen, eine Politik der forcierten Exportüberschüsse zu betreiben, um dadurch gegenüber den Vereinigten Staaten zu Netto-Kapitalexporteuren zu werden. Aber auch in den westlichen Industriestaaten vermindern die hohen Kapitalabflüsse das inländische Wachstum und damit auch das Importpotential. Vor allem aber führt die mit dieser Entwicklung verbundene Höhe des Dollarkurses zu einer Erosion der Wettbewerbsposition der amerikanischen Wirtschaft auf dem Weltmarkt.

## DIE AUSSENWIRTSCHAFTSPOLITIK
### *Die Verschlechterung der amerikanischen Wettbewerbsposition*

Die weltwirtschaftliche Verflechtung der Vereinigten Staaten hatte bereits in den siebziger Jahren erheblich zugenommen. Von 1965 bis 1980 verdreifachte sich die Importquote von 3,3 % auf 9,8 % des Sozialprodukts, die Exportquote verdoppelte sich von 4 % auf 8,4 %. Damit wuchs die bis dahin geringe Empfindlichkeit der amerikanischen Wirtschaft für Verschlechterungen ihrer internationalen Wettbewerbsposition. Eine stagnierende Produktivitätsentwicklung und steigende Lohnstückkosten wirkten sich nur dank des rückläufigen Dollarkurses zunächst nicht in entsprechendem Maß in Marktanteilsverlusten aus. Diese machten sich jedoch mit dem erneuten Ansteigen des Dollarkurses ab 1981 um so fühlbarer geltend.

Damit rückte eine schon in den siebziger Jahren begonnene Debatte über die amerikanische Position im weltwirtschaftlichen Strukturwandel in den Vordergrund, die unter dem Schlagwort der „De-industrialization" beziehungsweise der „Erosion of our industrial base" geführt wurde. Die Diskussion verband sich zum Teil mit weitgehenden protektionistischen Vorschlägen gegen den unfairen Wettbewerb der Handelspartner, ihre Subventionspraxis, insbesondere aber gegen die gezielt auf die Eroberung einzelner Märkte gerichtete Industriepolitik Japans, das „Industrial targeting".

### *Das Verhältnis von Kongreß und Regierung*
### *im außenhandelspolitischen Entscheidungsprozeß*

Gegenüber den zahllosen protektionistischen Initiativen, die häufig auch im Kongreß zu entsprechenden Gesetzesvorlagen führten, verfolgte die Regierung *Reagan* in ihrer Außenhandelspolitik einen im Prinzip freihändlerischen, in der Praxis pragmatischen Kurs. Dabei setzte sie gegenüber ihren Handelspartnern bewußt die Drohung mit dem „protektionistischen Druck im Kongreß" ein, dem der Wind aus den Segeln genommen werden müsse. Zugleich aber sorgte sie im Verein mit freihändlerisch orientierten Kongreßmitgliedern dafür, daß kein Gesetz verabschiedet wurde, das die Handlungsfreiheit der Regierung mit bindenden Verfahrensregelungen einschränkte.

So wurde der „Trade and Tariffs Act of 1984", kurz vor der Wahl am 30. Oktober 1984 vom Präsidenten als das einzige bedeutendere Außenhandelsgesetz seiner Amtszeit unterzeichnet, von der Öffentlichkeit in den Vereinigten Staaten wie in Europa zwar zunächst fast einhellig als ein gefährlicher Beitrag zur Erosion des freien Welthandels und Höhepunkt der protektionistischen Welle des Wahljahres 1984 angesehen. Jedoch enthält das Gesetz keine die Regierung bindenden neuen protektionistischen Bestimmungen. Es erweitert vielmehr die Vollmachten des Präsidenten aus dem „Trade Act of 1974" und anderen Gesetzen, bestehende Zölle und Handelsbeschränkungen abzubauen oder zu erhöhen beziehungsweise neu zu verhängen, wenn er es als Antwort auf ausländische Handelsbeschränkungen und Wettbewerbsverzerrungen für sinnvoll hält.

Es wäre also einerseits ein Fehlschluß, aus der Ablehnung protektionistischer Gesetze durch die Reagan-Administration zu schließen, von dieser Regierung drohten k e i n e protektionistischen Maßnahmen. Ebenso falsch wäre jedoch andererseits ein undifferenzierter Protektionismusvorwurf. Als Leitmotiv ihrer Außenhandelspolitik gilt der Regierung *Reagan* der „faire Handel". Maßstab dieser Politik ist der Anspruch, der amerikanischen Wirtschaft einerseits den bestehenden Nutzen aus einem freien, offenen Welthandelssystem zu erhalten und diesen möglichst zu vermehren, andererseits dafür zu sorgen, daß nicht die Lasten der Anpassung an den weltwirtschaftlichen Strukturwandel von anderen Staaten auf sie abgewälzt werden. „Faire Verteilung der Lasten der Anpassung" wäre so vielleicht die brauchbarste Definition von „Fair trade". Annähernd objektivierbar ist sie nicht. Konflikte mit den Handelspartnern sind daher unvermeidlich.

*Die Position der Vereinigten Staaten in den aktuellen handelspolitischen Konflikten*

Unter dem Druck der zunehmend defizitären Handelsbilanz und dem schwindenden Überschuß der Dienstleistungsbilanz hat die Regierung *Reagan* auf handelspolitischem Gebiet eine Reihe sowohl einseitiger Maßnahmen wie bi- und multilateraler Initiativen ergriffen. Versucht wird, der Verschlechterung der Handels- und Leistungsbilanz auf deren beiden Seiten zu begegnen: Durch die Begrenzung der Marktanteile ausländischer Anbieter auf dem amerikanischen Binnenmarkt soll den Problembranchen die für Umstrukturierungs- und Modernisierungsmaßnahmen notwendige wirtschaftliche Grundlage erhalten werden. Auf der anderen Seite werden die Handelspartner gedrängt, Wettbewerbsverzerrungen und tarifäre wie nichttarifäre Handelshemmnisse zu beseitigen.

Die Maßnahmen der ersten Kategorie galten vor allem der Autoindustrie (hier lief das Selbstbeschränkungsabkommen mit Japan zum 31. März 1985 aus), der Textil-

und Stahlindustrie. Mit der EG wurde 1982 ein Selbstbeschränkungsabkommen für Stahl geschlossen, das in der Zwischenzeit auf wachsenden Druck aus den Vereinigten Staaten erweitert wurde. Differenzen darüber, ob die damals außerhalb des Abkommens vereinbarte Marktanteilsobergrenze für EG-Importe bei Röhren in Höhe von 5,9 % noch verbindlich sei, führten Ende November 1984 zur brüsken einseitigen Verhängung des alten Wertes durch die amerikanische Regierung. Die Röhrenimporte aus der EG hatten inzwischen einen Marktanteil von über 14 % erreicht.

Am 18. Dezember 1984 wurde die Importbeschränkung bei Stahl „wegen unfairer Handelspraktiken" durch sieben neue Abkommen erweitert, mit Japan, Australien, Südafrika, Spanien, Republik Korea, Brasilien und Mexiko. Die drei letztgenannten Staaten gehören zugleich zu den Hauptschuldnern der Vereinigten Staaten in der Dritten Welt. Gegen sie verhängte Importbeschränkungen gelten als problematisch, denn ihrer Zahlungsfähigkeit sind sie kaum zuträglich.

Auch die Importbeschränkungen im Textilhandel treffen überwiegend Entwicklungsländer. Andererseits jedoch ist die Textilindustrie in den Vereinigten Staaten noch immer eine der beschäftigungsstärksten Branchen. Und entsprechend groß war der Druck auf die Regierung, eine weitere Einschränkung der bislang schon meist durch Quoten geregelten Importe zu erreichen. Eine am 19. März 1985 im Kongreß eingebrachte, extrem protektionistische Gesetzesinitiative zur Begrenzung der Textilimporte (auf 95 % des Wertes von 1982 = 58 % der Importe von 1984) wird nach bewährtem Muster wohl die Verhandlungen über weitergehende, aber einvernehmliche Einschränkungen des Textilimports aus den betroffenen Staaten erleichtern, ohne je Gesetz zu werden.

Insgesamt bleibt freilich für die Importseite der Handelsbilanz festzuhalten: Was an effektiven Protektionsmaßnahmen, ob einseitig verhängt oder „freiwillig vereinbart", in der bisherigen Amtszeit der Regierung *Reagan* zustandekam, fällt in bezug auf das gesamte Importvolumen der Vereinigten Staaten, aber auch im Verhältnis zu den im Kongreß erhobenen Protektionsforderungen kaum ernsthaft ins Gewicht.

Die Hauptstoßrichtung der gegenwärtigen Außenwirtschaftspolitik der Vereinigten Staaten zielt auf die Beseitigung von Hindernissen und Wettbewerbsverzerrungen, die den Export von Gütern und Dienstleistungen beeinträchtigen und damit im Verständnis der Regierung *Reagan* die amerikanische Wirtschaft an der Ausnutzung ihrer komparativen Vorteile hindern.

Streitpunkte sind: 1. Die Protektion insbesondere der EG und Japans gegenüber Agrarimporten aus den Vereinigten Staaten sowie die Exportsubventionen der EG für eigene Agrargüterausfuhren auf Märkten, wo sie mit amerikanischen Anbietern konkurrieren. 2. Die noch verbleibenden Schwierigkeiten des Zutritts amerikanischer Hochtechnologieexporte zu Märkten, die durch staatlichen Einfluß auf Beschaffungsentscheidungen bestimmt sind. Als wichtigstes Beispiel gilt hier der Telekommunikationsbereich. Aber auch die Protektion von Schwellenländern für im Aufbau begriffene eigene Hochtechnologieindustrien wird angegriffen. 3. Die Wettbewerbsverzerrungen auf Drittmärkten, insbesondere in Entwicklungsländern, durch Exportförderungsmaßnahmen anderer westlicher Industriestaaten. Hier sind vor allem die sogenannten „gemischten Ausfuhrkredite" Stein des Anstoßes: die Verbindung kommerzieller Kredite mit zinsbegünstigten staatlichen Entwicklungshilfekrediten zu vorteilhaften Gesamtfinanzierungsangeboten bei der Bewerbung um lukrative Aufträge in Drittweltstaaten. 4. Die noch immer in einigen westlichen Partnerstaaten, aber vor allem in der Dritten Welt bestehenden Beschränkungen für den internationalen Dienstleistungs- und Kapitalverkehr. 5. Die Beschränkungen und Auflagen für Direktinvestitionen in den meisten Ländern der Dritten Welt.

In den meisten dieser Punkte verfolgt die amerikanische Regierung sowohl bi- wie multilaterale Verhandlungsstrategien. Auf bilateraler Ebene hat sich in den Beziehungen zur EG die inzwischen zur Regel gewordene, von den Vereinigten Staaten hochrangig besetzte Konferenz Anfang Dezember jeden Jahres mit der EG-Kommission in Brüssel als Forum konstruktiver Gespräche bewährt. Allerdings steht hier die entscheidende Bewährungsprobe noch bevor: die Einigung über einen Abbau der EG-Exportsubventionen für Agrarprodukte. Eine auf Drängen der Vereinigten Staaten von der Genfer GATT-Ministerkonferenz im November 1982 eingesetzte Kommission legte im Herbst 1984 ihre Empfehlungen zur Liberalisierung des internationalen Agrarhandels vor, die von der EG-Kommission jedoch zurückgewiesen wurden.[6] Diese kompromißlose Haltung der EG sieht sich inzwischen auch auf Seiten der Vereinigten Staaten erheblich verminderter Kompromißbereitschaft gegenüber. Denn die im Budgetentwurf des Präsidenten für 1986 angekündigten einschneidenden Kürzungen der Agrarsubventionen dürften innenpolitisch nur durchsetzbar sein, wenn sie durch verbesserte Marktchancen der amerikanischen Landwirtschaft auf dem Weltmarkt zumindest teilweise kompensiert werden.

In den bilateralen Beziehungen zu Japan kam es durch die Tätigkeit der gemischten Kommission und unter beträchtlichem politischen Druck durch die Regierung *Reagan* gerade im Jahr 1984 zu einigen wichtigen Fortschritten in den strittigen Bereichen. Japan, dessen Landwirtschaft einen hohen Protektionsgrad genießt, erhöht aufgrund einer am 7. April 1984 erzielten Vereinbarung seine Agrarimporte aus den Vereinigten Staaten. Am 29. Mai 1984 konnten die Vereinigten Staaten die Zustimmung Japans zur Liberalisierung seines Geld- und Kapitalmarktes erreichen, mit wesentlichen Erleichterungen des Marktzutritts für ausländische Kapitalnachfrager und Finanzinstitutionen. Bei Hochtechnologieprodukten schließlich haben amerikanische Unternehmen auch ohne formelle zwischenstaatliche Vereinbarung ihre Marktposition in Japan deutlich verbessert.

Auf multilateraler Ebene fordern die Vereinigten Staaten seit der GATT-Konferenz von 1982 eine neue GATT-Runde, die sich im wesentlichen mit den hier angesprochenen Konfliktfeldern befassen und der zunehmenden Bilateralisierung und Regionalisierung in den internationalen Handelsbeziehungen entgegentreten soll. Die EG-Staaten konnten sich mit diesem Gedanken nur zögernd befreunden. Nach ihrer zumindest grundsätzlichen Zustimmung auf der OECD-Konferenz 1984 und dem Londoner Wirtschaftsgipfel zeichnet sich jedoch ab, daß in diesem Jahr der Beginn von Vorbereitungsgesprächen für 1986 vereinbart werden könnte.

Insgesamt läßt die Entwicklung der letzten Jahre den Schluß zu, daß entgegen allen handelspolitischen Kassandrarufen die Gefahr einer protektionistischen Einengung des Welthandels nicht besteht, solange zumindest bei den führenden westlichen Handelsnationen der Wille erhalten bleibt, sich einem solchen Prozeß entgegenzustellen und ihre handelspolitischen Differenzen auf den bewährten zwischenstaatlichen Foren des politischen Interessenausgleichs beizulegen. Dieser Konsens ist gefährdet, sobald sich die binnenwirtschaftliche Entwicklung eines oder mehrerer dieser Staaten so zuspitzt, daß restriktive Maßnahmen gegen den freien Güter-, Dienstleistungs- oder Kapitalverkehr das Gewicht eines nationalen Sicherheitsinteresses erhalten.

## DIE VEREINIGTEN STAATEN IM DILEMMA DES ANSTIEGS VON BUDGETDEFIZIT, DOLLARKURS UND LEISTUNGSBILANZDEFIZIT

Im Frühjahr 1985 wird so besorgt wie noch nie seit dem Amtsantritt der Regierung *Reagan* die Frage gestellt, wie die offen zutage tretenden strukturellen Inkonsistenzen und Widersprüche in der wirtschaftlichen Situation des Landes sich überhaupt auflösen lassen. Besonders Paul *Volcker* ließ in den ersten Monaten dieses Jahres keine Gelegenheit aus, auf das gefährliche Dilemma hinzuweisen, in das die Vereinigten Staaten durch die anhaltende Diskrepanz niedriger inländischer Sparkapitalbildung und hoher Budgetdefizite geraten sind. Soll nicht das Zinsniveau auf prohibitive Höhen steigen, mit allen sich schon jetzt abzeichnenden Gefahren für das Kreditsystem und ein Abwürgen des Wachstum, so sind die Vereinigten Staaten auf anhaltende Kapitalzuflüsse angewiesen, sei es durch Rückführung amerikanischer Auslandsanlagen, sei es durch Anlagen von Ausländern in den Vereinigten Staaten.[7] Die davon ausgehende Dollar-Nachfrage treibt dessen Kurs und führt auf diese Weise zu weiter fortschreitender Verdrängung der verarbeitenden Industrie von ihren in- und ausländischen Märkten.

Zu dem daraus resultierenden steigenden Handelsbilanzdefizit tritt jedoch eine sich 1984 bereits abzeichnende Verschlechterung der bislang noch positiven Dienstleistungsbilanz hinzu. Ihr wichtigster Posten, die Kapitalerträge, dürfte ebenfalls in kurzer Zeit negative Werte annehmen. Denn im Februar 1985 vollzogen die Vereinigten Staaten — erstmals in ihrer Geschichte — den Übergang vom Gläubiger zum Nettoschuldner gegenüber dem Rest der Welt.[8] Daß ihre Auslandsverschuldung in ihrer eigenen Währung erfolgt und somit ihre Zahlungsfähigkeit allein in ihrer Hand liegt, ist für die Handelspartner und Gläubiger der Vereinigten Staaten nicht unbedingt beruhigend. Denn es bedeutet, daß die amerikanische Regierung von den übrigen westlichen Industriestaaten nur schwer darin zu beeinflussen sein wird, welche Maßnahmen sie wann zur Auflösung ihres wirtschaftspolitischen Dilemmas ergreift.

### *Wirtschaftspolitische Optionen*

Die derzeitigen Ansichten hierüber lassen sich unter anderem den programmatischen wirtschaftspolitischen Erklärungen und Dokumenten des Frühjahres 1985 entnehmen: dem „Economic Report of the President", der Budgetvorlage für das Haushaltsjahr 1986, den wirtschafts- und finanzpolitischen Aussagen der „State of the Union Address" und den wiederholten Stellungnahmen Paul *Volckers* vor Kongreßausschüssen in der ersten Phase der Budgetberatungen. An ihnen werden die vier Optionen der Vereinigten Staaten für den Weg aus dem Dilemma deutlich:

1. Eine deutliche Rückführung des Budgetdefizits durch Erhöhung der Steuern würde das Zinsniveau senken und damit auch einen gewissen Rückgang des Dollarkurses (kaum jedoch eine Flucht aus dem Dollar) bewirken. Die so verbesserte Wettbewerbsfähigkeit der amerikanischen Wirtschaft könnte zusammen mit den niedrigeren Kapitalkosten die wachstumshemmenden Wirkungen der höheren Besteuerung kompensieren.

2. Eine expansive Geldmengenpolitik der Federal Reserve könnte das Zinsniveau „gewaltsam" senken, würde jedoch im Resultat auf eine Finanzierung des Budgetdefizits durch die Notenbank hinauslaufen und zu einem schnellen Wiederaufleben der Inflation führen. Eine Flucht aus dem Dollar mit einem drastischen Fallen seines Kurses wäre die Folge. Sie würde zu einer erneuten Anspannung des Kapitalmarkts und damit zu einem zusätzlichen Druck auf die „Fed" führen. Vor dieser Option warnt vor allem Paul *Volcker* beharrlich.

3. Eine partielle oder generelle, zeitlich begrenzte Importabgabe könnte zum einen der amerikanischen Wirtschaft wieder eine bessere Position auf dem Binnenmarkt verschaffen und so das Handelsbilanzdefizit abbauen. Zum andern würde sie als zusätzliche Einnahme unmittelbar das Budgetdefizit senken. Diese Option, die breite Unterstützung in der Wirtschaft hat und im Kongreß bereits zahlreiche Anhänger gewann,[9] gilt vielen als Patentlösung des außenwirtschaftlichen Dilemmas. Im „Idealfall" bürdet sie in der Tat die ökonomischen Lasten der expansiven Budgetpolitik den Handelspartnern der Vereinigten Staaten ein zweites Mal auf, zusätzlich zu dem Kapitalabfluß, den sie hinzunehmen haben.

4. Eine anhaltende aktive Wachstumspolitik durch weitere steuerliche Entlastungen für Unternehmen könnte schließlich doch noch der Laffer-Hypothese rechtgeben und zu steigenden Steuereinnahmen führen, über die sich bei gleichzeitiger Beschränkung des Ausgabenwachstums ein langfristiger Abbau des Budgetdefizits erreichen ließe. Diese Option des „weiter wie bisher" wird vor allem von *Reagan* und seinen engsten Mitarbeitern vertreten — und praktiziert.[10] *Reagan* erklärte noch auf dem Höhepunkt der neuerlichen Dollarhausse Mitte Februar 1985, es dürfte kein „Herumspielen mit dem Dollar" geben, keine Kursinterventionen der „Fed" also. Das hohe Dollarkursniveau sei allein Ausdruck des Vertrauens in die amerikanische Wirtschaft, und es sei Sache der übrigen Industriestaaten, durch eine bessere Wirtschaftspolitik die Kapitalanlage in ihren Ländern attraktiver zu machen.

## Die Budgetvorlage für das Haushaltsjahr 1986

Bei der Beratung der Budgetvorlage für 1986, die der Präsident am 4. Februar 1985 dem Kongreß zugeleitet hat, werden in den kommenden Monaten wichtige wirtschaftspolitische Weichen gestellt werden. Der Entwurf sieht eine geringfügige Erhöhung des Ausgabevolums um 1,5 % vor. Die gleichwohl beabsichtigte Erhöhung der Verteidigungsausgaben um 12,5 % soll ausgeglichen werden durch eine Senkung der Agrarsubventionen um fast 40 %, der Mittel für Mittelstands- und Wohnbauförderung um über 60 %. *Reagan* hat mit der Vorlage zwar taktisch geschickt dem Kongreß die Entscheidung aufgebürdet, sich entweder für diese Kürzungen oder gegen die nationale Sicherheit oder für Steuererhöhungen entscheiden zu müssen. Grund zur Hoffnung auf einen Ausweg aus dem wirtschaftspolitischen Dilemma bietet der Entwurf jedoch nicht. Er geht in der mittelfristigen Planung bis 1988 von einem durchschnittlichen realen Wachstum von 4 % aus, bei gleichzeitigem Sinken der Geldmarktzinsen unter 6 %. Unter diesen Voraussetzungen wird ein Rückgang des Defizits bis 1988 auf 144 Milliarden Dollar prognostiziert. Bereits etwas niedrigere Wachstumsraten oder ein etwas höherer Zinssatz führen jedoch, wie das Congressional Budget Office in seiner Analyse zur Budgetentwicklung zeigt, zu wesentlichen höheren Defiziten.[11]

Sollten sich die Vereinigten Staaten nicht entgegen der Festlegung des Präsidenten doch noch zu einer Haushaltssanierung über Steuererhöhungen entschließen, wird dem Druck in Richtung einer der beiden anderen Optionen — Inkaufnahme einer erneuten Inflation durch expansive Geldpolitik oder drastische protektionistische Maßnahmen gegen die zunehmenden Marktanteilsverluste der amerikanischen Industrie — nicht mehr zu widerstehen sein, mit allen daraus resultierenden negativen Folgen für die Weltwirtschaft.

## ANMERKUNGEN

[1] Siehe die Übersichten in einer für den Haushaltsausschuß des Repräsentantenhauses erstellten Studie „A Review of President Reagan's Budget Recommendations, 1981–1985", Washington, D. C., 1984.

[2] Economic Report of the President, Washington, D. C., 1985, S. 9.

[3] Ebenda, S. 35 und 105.

[4] Vgl. etwa *Volckers* kürzliche Aussage vor dem Senate Committee on Banking, Housing and Urban Affairs am 20. 2. 1985, auszugsweise zitiert in: *Financial Times*, 21. 2. 1985.

[5] Vgl. Otmar *Emminger*, Europe and the U.S. Economy, in: *Atlantic Quarterly*, Vol. 1, No. 3, Herbst 1983, S. 226.

[6] Vgl. die enttäuschte Stellungnahme des amerikanischen Landwirtschaftsministers *Block*, in: *U.S. Wireless Bulletin*, No. 187, 5. 10. 1984, S. 11 ff.

[7] Vgl. „Volcker Testimony to Congress: Growth without Inflation remains the Target", in: *Financial Times*, 21. 2. 1985.

[8] „U.S. may be debtor nation, says Baldrige", ebenda, 19. 3. 1985.

[9] An die Spitze der Lobby für eine entsprechende Gesetzesinitiative hat sich bezeichnenderweise eines der führenden amerikanischen Hochtechnologieunternehmen, der Halbleiterhersteller Motorola, gestellt. Zum Stand der Debatte um die Importabgabe vgl. *Financial Times*, 13. 3. 1985, („Import surcharge: an easy solution that may be dangerously unpredictable").

[10] Auch der Council of Economic Advisers liegt nach dem Ausscheiden seines bisherigen Vorsitzenden, Martin *Feldstein*, im Juli 1984 wegen Differenzen mit der Regierung nun ganz auf der Linie *Reagans* und seines engsten wirtschaftspolitischen Beraters, des bisherigen Finanzministers und jetzigen Stabschef im Weißen Haus, Donald *Regan*. Dies gilt vor allem seit der Übernahme des CEA-Vorsitzes durch den bisherigen Finanzstaatssekretär Beryl *Sprinkle*.

[11] *Financial Times*, 7. 2. 1985. Die Annahmen des CBO für das Defizit im Jahr 1990 reichen von 293 Milliarden Dollar bei günstiger wirtschaftlicher Entwicklung bis zu 400 Milliarden Dollar im Fall einer Rezession im Jahr 1987.

# Dokumente zum Führungswechsel in der Sowjetunion

Am 11. März 1985, einen Tag nach dem Tode von Konstantin *Tschernenko,* ist mit der Wahl Michail *Gorbatschows* zum Generalsekretär des Zentralkomitees der KPdSU eine Phase in der sowjetischen Führung beendet worden, die viele Kommentatoren als Übergangszeit ansahen. Die Übergangsphase war mit dem Wechsel an der Spitze von Partei und Staat von Leonid *Breshnjew* auf Jurij *Andropow* im November 1982 (vgl. EA 1/1983, S. D 9 ff.) eingeleitet und mit der Wahl *Tschernenkos* zum Partei- und Staatschef nach dem Tode *Andropows* im Februar 1984 fortgesetzt worden (für eine Bestandsaufnahme der Amtszeit *Andropows* vgl. Boris *Meissner,* Die Sowjetunion unter Andropow, in: EA 24/1983, S. 747 ff.).

Die Amtsperiode *Tschernenkos* war zunehmend gekennzeichnet von Krankheit und Abwesenheit von den Dienstgeschäften des Partei- und Staatschefs. So wurde beispielsweise *Tschernenkos* Wahlrede für die Kandidatur zum Obersten Sowjet vom 22. Februar 1985 von einem Sprecher verlesen (S. D 206 ff.). Darin gab *Tschernenko* der Überzeugung Ausdruck, daß die Unterschiede in den Standpunkten der Vereinigten Staaten und der Sowjetunion in Abrüstungsfragen, die Gegenstand der Genfer Verhandlungen zur Rüstungskontrolle sein sollen (vgl. EA 3/1985, S. D 59 ff.), zur Zeit noch groß seien. Die Sowjetunion sei jedoch nicht der Meinung, die Verhandlungen seien zum Scheitern verurteilt; eine Übereinkunft sei „absolut erforderlich und durchaus möglich" (S. D 210). *Tschernenko* teilte ferner mit, daß sich alle Teilnehmer des Warschauer Vertrages für dessen Verlängerung ausgesprochen hätten.

Neben der Außenpolitik bildete die Wirtschaftspolitik einen weiteren Schwerpunkt in der Wahlrede *Tschernenkos.* Der aktuelle Stand der Arbeitsproduktivität könne in keiner Weise zufriedenstellen. Es müsse mit geringerem Aufwand mehr produziert werden. Aufgabe der Partei sei es, noch vor Ende der achtziger Jahre eine echte Wende bei der Beschleunigung des wissenschaftlich-technischen Fortschritts und bei der Steigerung der Effektivität der sowjetischen Wirtschaft herbeizuführen (S. D 208).

Am Tage nach dem Tod *Tschernenkos* trat in Moskau ein Außerordentliches Plenum des Zentralkomitees der KPdSU zusammen, um einen Nachfolger zu wählen. Andrej *Gromyko,* sowjetischer Außenminister und Mitglied des Politbüros, schlug Michail *Gorbatschow* zum neuen Generalsekretär des ZK vor. Presseberichten zufolge hat *Gromyko* vor dem Plenum bestätigt, daß *Gorbatschow* zuletzt den erkrankten *Tschernenko* vertreten habe; *Gorbatschow* habe den Vorsitz im Politbüro und das Parteisekretariat geführt. *Gromyko* führte demnach weiter aus, im Ausland seien die Gegner der UdSSR bestrebt, Risse in der sowjetischen Führung zu entdecken. Es sei daher umso wichtiger, deutlich zu machen, daß von Meinungsverschiedenheiten im ZK oder im Politbüro keine Rede sein könne. Nach Angaben der amtlichen sowjetischen Nachrichtenagentur TASS wählte das Plenum Michail *Gorbatschow* daraufhin „einmütig" zum neuen ZK-Generalsekretär der KPdSU.

*Gorbatschow* griff in seiner ersten Rede nach der Wahl vor dem ZK-Plenum am 11. März die Fragen der Außen- und Wirtschaftspolitik auf, die *Tschernenko* in seiner Wahlrede bereits umrissen hatte (S. D 211 ff.). Die strategische Linie, die unter *Andropow* und *Tschernenko* ausgearbeitet worden sei, bleibe unverändert. Die Volkswirtschaft müsse auf intensive Entwicklung umgestellt werden. Im außenpolitischen Bereich sollten die Beziehungen mit der Volksrepublik China verbessert werden. Ferner erklärte er, die Sowjetunion schätze die Erfolge der Entspannung in den siebziger Jahren und sei bereit, den Prozeß der friedlichen Zusammenarbeit zwischen den Staaten weiterzuführen. Der vernünftigste Ausweg aus der in der Welt entstandenen Lage sei die Einstellung des Wettrüstens. In den Genfer Verhandlungen über Kern- und Weltraumwaffen strebe die Sowjetunion keine einseitigen Vorteile an.

*Gorbatschow* vertiefte in seiner Rede bei den Begräbnisfeierlichkeiten für *Tschernenko* am 13. März (S. D 214 ff.) seine Überlegungen zu einer besseren Informationspolitik gegenüber den sowjetischen Bürgern, die er bereits vor dem ZK-Plenum angestellt hatte. Das ZK werde auch künftig die Geschlossenheit der Partei und ihre Verbindung zu den Massen unablässig festigen und den Stil der Parteiarbeit, der staatlichen und gesellschaftlichen Tätigkeit vervollkommnen. Im Mittelpunkt der Aufmerksamkeit werde auch weiterhin die strikte Einhaltung von Ordnung und Gesetzlichkeit sowie die Festigung der Arbeits-, Staats- und Parteidisziplin stehen.

Auf seiner ersten regelmäßigen Sitzung nach der Wahl *Gorbatschows* bekräftigte das Politbüro am 21. März die Ausführungen des neuen Generalsekretärs zur Außenpolitik (Wertschätzung der Erfolge der Entspannungspolitik in den siebziger Jahren) sowie zur Wirtschaftspolitik (Erhöhung der Arbeitsproduktivität, Stärkung der Arbeitsmoral, bessere Informationspolitik).

Am 7. April gab *Gorbatschow* der *Prawda* ein Interview zu Fragen der internationalen Sicherheit (S. D 216 ff.), in dem er auf die sowjetische Position zu den Genfer Verhandlungen (s. oben) verwies. Obgleich die sowje-

tisch-amerikanischen Beziehungen kompliziert seien, gebe es Raum für eine Verbesserung. Beide Seiten hätten sich positiv zu einem möglichen Gipfeltreffen mit dem amerikanischen Präsidenten, Ronald *Reagan,* geäußert. Um den guten Willen der Sowjetunion erneut an den Tag zu legen, führe die UdSSR ab sofort ein bis November 1985 begrenztes Moratorium für die Stationierung ihrer Mittelstreckenraketen ein und setze die Durchführung anderer Gegenmaßnahmen in Europa aus. Welche Entscheidung danach zu treffen sei, hänge von der Reaktion der Vereinigten Staaten ab. Ein ähnlicher Moratoriumsvorschlag war bereits von *Breshnjew* im März 1982 unterbreitet worden (vgl. EA 8/1982, S. D 213 f.). *H. S.*

## Wahlrede des Kandidaten für den Obersten Sowjet der RSFSR, des sowjetischen Partei- und Staatschefs Konstantin Tschernenko, am 22. Februar 1985 im Moskauer Kreml verlesen (Auszüge)

> *Betrifft:* Leistungen des ZK und des Politbüros – neues Parteiprogramm – wirtschaftliche Ergebnisse – Arbeitsproduktivität – intensive Entwicklung – Konsumgüter – Gesundheitswesen – Arbeitsleistung und Volkswohlstand – Umsetzung von Erkenntnissen – Kriegsende vor 40 Jahren – patriotische Erziehung – Verteidigungsfähigkeit – friedliche Koexistenz – sozialistische Staatengemeinschaft – Verlängerung des Warschauer Paktes – Beziehungen zur VR China – Zusammenarbeit mit den Staaten der ehemals kolonialen und halbkolonialen Welt – Wettrüsten – Gefahr eines Kernwaffenkriegs – sowjetische Ziele für die Genfer Verhandlungen – Möglichkeit einer Übereinkunft – Nachkriegsordnung von Teheran, Jalta und Potsdam – Verträge bis zur Helsinki-Schlußakte – sowjetisch-amerikanische Bekräftigung bisheriger Abkommen – sozialistische Demokratie.

. . . . .

Ich möchte vor allen Dingen darüber berichten, was wir im zurückliegenden Jahr erreichen konnten. Und das war für uns alle ein Jahr großer und angespannter Arbeit.

Sie wissen gut, daß das Zentralkomitee der Partei und das Politbüro des ZK auf sehr breiter Front aktiv gewirkt haben. Viel Aufmerksamkeit wurde der Wirtschaft, der Verbesserung der Leitung und der Erhöhung der Effektivität der Volkswirtschaft, der Entwicklung der schöpferischen Initiative und politischen Aktivität der Massen, der Vervollkommnung der ideologischen Arbeit gewidmet. Bekanntlich wurden ernsthafte Maßnahmen zur Festigung der Disziplin, Gesetzlichkeit und Ordnung getroffen. Doch sie reichen, um es offen zu sagen, noch nicht aus. Hier werden wir auch weiterhin in völliger Übereinstimmung mit den Beschlüssen der Plenartagungen des ZK der KPdSU vom November 1982, vom Juni 1983 und vom Februar 1984 handeln. Zugleich haben wir auch eine Reihe anderer wichtiger Fragen unseres Lebens unmittelbar in Angriff genommen. Verbesserung der Arbeit der Sowjets und Schulreform, Vervollkommnung der Leitung des Komsomol durch die Partei und Aktivierung der Volkskontrolle, Bodenmelioration und Erhöhung der gesellschaftlichen Rolle von Literatur und Kunst – das ist nur ein Teil der Probleme, auf die wir uns konzentriert haben. Die Arbeit der Partei wird, wie Sie sehen, immer vielschichtiger. Der Grund dafür ist naheliegend. Das erfordert der strategische Kurs der KPdSU, der Kurs auf allseitige Vervollkommnung des bei uns aufgebauten Sozialismus.

Das erfordert auch die Besonderheit des gegenwärtigen politischen Augenblicks. Wir entfalten die Vorbereitung auf den XXVII. Parteitag, der eine besondere Rolle in der Geschichte unserer Partei und in den Geschicken des Landes zu spielen hat. Denn er wird eine Neufassung des

Parteiprogramms verabschieden. Das wird ein Programm der Vervollkommnung des entwickelten Sozialismus sein. Ein Programm großer schöpferischer Tätigkeit, die es ermöglichen wird, unsere sozialistischen Ideale vollständig in die Tat umzusetzen. Das bedeutet, auch der Möglichkeit näherzukommen, Aufgaben zu lösen, die unmittelbar mit dem Aufbau des Kommunismus zusammenhängen, der unser großes Ziel war und bleibt.

Eine einschneidende Erhöhung der Arbeitsproduktivität und des materiellen Wohlstands des Volkes bei allseitigem Aufblühen der geistigen Kultur, die völlige und allgemeine Durchsetzung der unserer Ordnung innewohnenden sozialen Gerechtigkeit mit dem grundlegenden Prinzip „Jeder nach seinen Fähigkeiten, jedem nach seiner Leistung" zu erreichen – das sind die historisch bedeutsamen Aufgaben, die nach unserer Ansicht in der Neufassung des Programms der KPdSU zum Ausdruck kommen müssen. Die Arbeit an der Neufassung tritt jetzt in die Schlußphase ein.

Manch einer mag fragen: Verlegen wir uns nicht allzu sehr auf die Ausarbeitung von Perspektivaufgaben, während bei weitem nicht alle aktuellen Probleme bei uns auf dem Niveau der Anforderungen des entwickelten Sozialismus gelöst worden sind? Diese Frage würde ich so beantworten: Die anstehenden, unaufschiebbaren Probleme lassen sich nur dann lösen, wenn man eine klare Zukunftsperspektive hat und sich deutlich der Dimensionen der bevorstehenden Arbeit bewußt ist. Und die Zuversicht, daß wir diese Arbeit meistern, gründet sich auf wissenschaftliche, auf realistische Prognosen. Sie basiert auch auf durchaus realen Leistungen der letzten Zeit. Auf den Ergebnissen, die wir mit der Überwindung der bekannten negativen Tendenzen in unserer Entwicklung erzielt haben.

Wenden wir uns den wirtschaftlichen Ergebnissen des vergangenen Jahres zu. Sie zeugen von einer weiteren beständigen Aufwärtsentwicklung der Industrie. Von einer beträchtlichen Vergrößerung der Produktionskapazitäten in den führenden Zweigen der Volkswirtschaft, vom Wachstum unseres gesellschaftlichen Reichtums. Ich sehe davon ab, Zahlen anzuführen. Sie sind in der Presse veröffentlicht worden. Ich möchte lediglich die Aufmerksamkeit auf eine Kennziffer lenken. Ich meine die Arbeitsproduktivität. Durch deren Steigerung ist fast der gesamte Zuwachs des Nationaleinkommens erzielt worden. Daraus ergibt sich die wichtige Schlußfolgerung: Die sowjetische Wirtschaft beschreitet immer stärker den Weg einer intensiven Entwicklung. Und das ist unser erstrangiges Anliegen – sowohl heute als auch morgen. Denn der derzeitige Stand der Arbeitsproduktivität kann uns, Genossen, in keiner Weise zufriedenstellen.

Mit geringerem Aufwand mehr zu produzieren – das ist die, man sollte meinen, einfache Formel des intensiven Wachstums der Wirtschaft. Wir alle wissen jedoch, wie schwer sie sich in die Tat umsetzen läßt. Sogleich ergibt sich eine Masse von Problemen – sowohl organisatorischen als auch technischen und moralisch-psychologischen. Heute lösen wir sie souveräner. Gewachsen ist bei den Werktätigen das Gefühl der Verantwortung für ihre Arbeit. So haben die Betriebe im vorigen Jahr ihre Verpflichtungen für gegenseitige Lieferungen vollständiger erfüllt als in den vorangegangenen Jahren dieses Fünfjahrplans. Zehntausende Arbeitskollektive gingen energisch daran, Roh- und Brennstoffe einzusparen. Das ist heute eines der aktuellsten Probleme. All das ist ein greifbarer Beweis dafür, daß sich unsere Wirtschaft auf einen qualitativ neuen Abschnitt ihrer Entwicklung zubewegt. . . .

Bekanntlich, Genossen, ist das Endziel all unserer Bemühungen auf dem Gebiet der Wirtschaft die Hebung des Volkswohlstandes, und hierbei kommen wir von Jahr zu Jahr stetig voran. Nehmen Sie eine solche, um es offen zu sagen, akute Frage wie die Befriedigung der wachsenden Nachfrage der Bevölkerung nach guten, qualitätsgerechten Waren. In den zurückliegenden vier Jahren dieses Fünfjahrplans wurde die prinzipielle Orientierung auf überdurchschnittliche Wachstumsraten der konsumgüterproduzierenden Bereiche stets konsequent befolgt. Wir hatten uns auch schon früher diese Aufgabe gestellt. Doch konnte sie bei weitem nicht immer erfüllt werden. Jetzt gelang ein Durchbruch, und zwar ein realer und praktischer.

Es ist gut, daß sich Zweige der Schwerindustrie aktiver an der Lösung dieser Frage beteiligen. Ihr Anteil an der Konsumgüterproduktion stieg im vergangenen Jahr bis auf 30 Prozent. Die soziale und politische Tragweite dieser Tatsache leuchtet jedem ein. Unsere mächtige Industrie arbeitet in noch höherem Maße unmittelbar für das Wohl der Menschen. Zugleich wissen wir alle, daß die Verbesserung der Qualität unserer Konsumgüter nach wie vor eine sehr dringliche Sache ist. . . .

Unverminderte Aufmerksamkeit schenken wir der Förderung der Gesundheit der sowjetischen Menschen. Die Partei faßt diese Aufgabe in weitestem Sinne auf. Hierzu gehören sowohl die Verbesserung der Arbeitsbedingungen als auch der Umweltschutz und die Entwicklung eines echten Massensports. In erster Linie aber natürlich die Vervollkommnung der medizinischen Betreuung der Bevölkerung.

Sie wissen, Genossen, daß die Partei und unser Staat die Anforderungen an das Gesundheitswesen erhöhen und einen konsequenten Kampf gegen die hier noch vorhandenen ernsten Mängel führen. Zugleich sind wir uns sehr wohl über die Notwendigkeit im klaren, die Arbeits- und Lebensbedingungen für das medizinische Personal zu verbessern. Es wird unter anderem erwogen, im nächsten Jahr mit der Erhöhung der Gehälter für die Beschäftigten des Gesundheitswesens zu beginnen. Das wird zweifellos ein großer Schritt in der Sozialpolitik der Partei sein, denn es geht hierbei um den Wohlstand von mehr als fünf Millionen Menschen. Kurzum, viel Gutes wird für die Menschen getan. Dennoch müßte, dies sei offen gesagt, sehr viel mehr getan werden. Wo liegt hier das Problem?

Darauf gibt es meines Erachtens eine klare Antwort. Das Lebensniveau und die Lebensqualität erhöhen sich in unserer Gesellschaft von Jahr zu Jahr genau um das Maß, um das wir besser arbeiten. Um nicht mehr und nicht weniger. Das heißt: Um den Volkswohlstand schneller zu heben, müssen wir schneller und gründlicher unsere Arbeit in allen Bereichen verbessern. Das ist es, worauf die Partei und ihr Zentralkomitee hinwirken. Sie arbeiten beharrlich darauf hin, noch vor Ende der achtziger Jahre eine echte Wende bei der Beschleunigung des wissenschaftlich-technischen Fortschritts und bei der Steigerung der Effektivität der sowjetischen Wirtschaft herbeizuführen.

In diesem Zusammenhang möchte ich folgendes unterstreichen. Die Notwendigkeit qualitativer Veränderungen in unserer wirtschaftlichen Tätigkeit ist weitgehend, man kann sagen, von allen, erkannt worden. Jetzt kommt es darauf an, diese Veränderungen entschlossener in der Praxis zu realisieren. Es gilt, kühner und ohne Verzögerungen all das Nützliche und Wertvolle umzusetzen, was uns bereits die Wirtschaftsexperimente, die vorwärtsweisenden Formen und Methoden, der Wirtschaftsführung gebracht haben. Dies um so mehr, als jetzt das abschließende Jahr des Fünfjahresplans läuft. Um dessen Aufgaben würdig zu erfüllen, wird es — ich wiederhole es noch einmal — großer, beharrlicher und initiativreicher Arbeit bedürfen. Die Planung und Leitung, der Wirtschaftsmechanismus, das Lohnsystem — all das gilt es jetzt zu vervollkommnen, ohne es, wie man so sagt, auf die lange Bank zu schieben. Eigens für diese Arbeit reservierte Zeit haben wir in unserem Terminkalender nicht. Im Verlauf der Wahlkampagne wurden viele interessante Gedanken und sachkundige Hinweise zum Ausdruck gebracht, wie die Arbeit unserer Organe der Macht und der Wirtschaftsleitung verbessert werden könnte. Die Aufgabe der Sowjets ist es, sie sorgfältig und in höchstem Maße aufmerksam zu prüfen und auszuwerten. Vor allem aber, sie in die Tat, in die Praxis umzusetzen.

Genossen! Nicht mehr viel Zeit trennt uns vom vierzigsten Jahrestag des Sieges im Großen Vaterländischen Krieg. Das heldenmütige Sowjetvolk hat unter Führung der Partei Lenins in äußerst hartem Kampf gegen Hitlers Horden seine sozialistische Heimat verteidigt, Europa die Freiheit gebracht und die Weltzivilisation vor der faschistischen Barbarei gerettet. Diese Großtat wird durch die Jahrhunderte fortleben. Hoch in Ehren halten wir das Andenken jener, die für die Freiheit und Unabhängigkeit unserer Heimat gefallen sind. Wir erachteten und erachten es als unsere hohe Pflicht, uns stets um die Veteranen des Großen Vaterländischen Krieges, um ihre Gesundheit, um ihre Lebensbedingungen und sozialen Verhältnisse zu kümmern.

Im Zusammenhang mit dem vierzigsten Jahrestag des Sieges dürfte es angebracht sein, erneut die ganze Wichtigkeit der zielgerichteten und qualifizierten Arbeit zur patriotischen Erziehung der Werktätigen, vor allem der Jugend, zu unterstreichen. Bei den sowjetischen Menschen das Gefühl der Liebe zur Heimat und die unerschütterliche Bereitschaft zur Verteidigung der sozialistischen Errungenschaften auszuprägen, ist eine bleibende Aufgabe unserer gesamten ideologischen Arbeit.

Ich nehme die Gelegenheit wahr, unsere Soldaten und Sie alle, Genossen, zum Festtag, dem Tag der Sowjetarmee und Seekriegsflotte, zu beglückwünschen. Die sowjetischen Menschen können gewiß sein: Partei und Staat werden auch weiterhin alles tun, damit unsere Streitkräfte zuverlässig das friedliche Leben des Volkes schützen können. Damit die Verteidigungsfähigkeit des Landes immer auf dem erforderlichen Niveau gehalten wird. Auf uns, auf der heutigen Generation, liegt eine außerordentlich hohe Verantwortung, nämlich einen neuen Weltbrand nicht zuzulassen und das Leben auf unserem Planeten zu erhalten.

Die komplizierte internationale Lage erfordert eine hohe Wachsamkeit, Festigkeit und Beherrschtheit. Und natürlich auch tatkräftige Aktionen zur Gesundung des internationalen Klimas. Es ist ein großes Glück für die Sache des Friedens und der internationalen Sicherheit, daß es in der Welt die sozialistische Staatengemeinschaft gibt, die konsequent das Leninsche Prinzip der friedlichen Koexistenz auf dem internationalen Schauplatz verteidigt. All die zurückliegenden Jahre haben wir keine Mühe gescheut, um das Zusammenwirken der Länder des Sozialismus in allen Bereichen zu festigen und zu erweitern. Einigkeit macht stark, hieß seit jeher eine Losung der Arbeiterbewegung. Heute ist sie auf die sozialistischen Bruderländer uneingeschränkt anwendbar.

Gemeinsam haben wir die Pläne der Imperialisten durchkreuzt, den Sozialismus wirtschaftlich zu zermürben. In den letzten Jahren sind unsere Länder in ihrer sozialökonomischen Entwicklung noch weiter vorangekommen, und wir werden, was wichtig ist, ökonomisch zunehmend gefeiter gegen Einwirkung von außen. Darauf zielen unter anderem die Beschlüsse der Beratung der Mitgliedsländer des RGW auf höchster Ebene vom vergangenen Jahr, an deren Verwirklichung wir alle heute arbeiten. Der Prozeß der sozialistischen ökonomischen Integration schreitet immer schneller voran, und die internationale sozialistische Arbeitsteilung wird weiter vertieft. Davon profitieren jedes einzelne der Bruderländer und die sozialistische Gemeinschaft als Ganzes.

Wir haben es bisher gemeinsam nicht zugelassen, daß die USA und ihre Verbündeten das militärstrategische Gleichgewicht zu ihren Gunsten verändern. So wird es auch künftig sein. Unser Bruderbund ist unzerstörbar. Demnächst wird der dreißigste Jahrestag des Warschauer Vertrages begangen. Ich kann Ihnen mitteilen, daß sich alle Teilnehmer des Vertrages für dessen Verlängerung ausgesprochen haben. Angesichts des Fortbestehens des aggressiven imperialistischen NATO-Blocks brauchen wir weiterhin eine abgestimmte, gut koordinierte Außenpolitik des Friedens und einen zuverlässigen Schild für unsere friedliche Arbeit.

Wir sind für die Erhöhung der Rolle und des Einflusses des sozialistischen Weltsystems als Ganzes auf dem internationalen Schauplatz. In diesem Zusammenhang messen wir einer Normalisierung der Beziehungen zur Volksrepublik China große Bedeutung bei. Nützliche Schritte sind in dieser Hinsicht im vergangenen Jahr unternommen worden. Wenngleich wir auch die nach wie vor bestehenden ernsten politischen Differenzen nicht übersehen können, möchte man die Hoffnung zum Ausdruck bringen, daß durch die Anstrengungen beider Seiten die sowjetisch-chinesischen Beziehungen eine weitere gute Entwicklung nehmen.

Bei der Festigung der internationalen Sicherheit wirken wir mit allen Friedenskräften auf der Erde zusammen. In unserer Zeit bedeutet das unter anderem die Zusammenarbeit mit den freiheitsliebenden, unabhängigen Staaten der ehemaligen kolonialen und halbkolonialen Welt. Alle diese Staaten, vom großen Indien bis zum kleinen Benin, von den benachbarten arabischen Ländern bis zu den fernen Republiken Mittel- und Südamerikas, sind unsere natürlichen Partner und Gleichgesinnte, wenn es um die Verteidigung der Rechte der Völker und um die friedliche Zukunft der Menschheit geht. Die Freundschaft mit ihnen ist uns teuer. Wir werden sie entwickeln und festigen.

Kernstück unserer Außenpolitik ist heute selbstverständlich der Kampf für die Beendigung des vom Imperialismus aufgezwungenen Wettrüstens, für die Bannung der Gefahr eines nuklearen Weltkrieges. Wir stehen an der Schwelle neuer Verhandlungen mit den Vereinigten Staaten. Beide Seiten haben erklärt, daß sie diese aufnehmen, um ein Wettrüsten im Weltraum zu verhindern und es auf der Erde zu beenden. Sie kamen auch überein, die Fragen der Weltraum- und Nuklearwaffen komplex, in wechselseitigem Zusammenhang zu erörtern und zu lösen, was für den Erfolg der Sache absolut notwendig ist. Darin liegt der Kern der Genfer Vereinbarung. Ich möchte noch einmal mit aller Deutlichkeit sagen, welches unsere Absichten im Zusammenhang mit den bevorstehenden Verhandlungen sind.

Erstens: Wir erstreben keinerlei einseitige Vorteile gegenüber den Vereinigten Staaten, gegenüber den NATO-Ländern und keinerlei militärische Überlegenheit über sie. Wir brauchen das nicht, weil wir nicht beabsichtigen, ihnen zu drohen und ihnen unseren Willen aufzuzwingen. Wir wollen mit ihnen in Frieden leben und normale, gute Beziehungen unterhalten.

Zweitens: Wir wollen die Beendigung, nicht die Fortsetzung des Wettrüstens. Ebendeshalb stellt die UdSSR die Frage auch nach solchen anfänglichen Schritten wie dem Einfrieren der nuklearen Arsenale der Seiten, der Einstellung der Raketenstationierung usw. Den Mißbrauch der Verhandlungen zu entgegengesetzten Zwecken — zur Rechtfertigung und Tarnung des weiteren Ausbaus und der Stationierung von Massenvernichtungsmitteln — halten wir für unmoralisch und verwerflich, für einen Betrug und ein Verbrechen an den Völkern.

Und drittens: Wir wollen eine tatsächliche Reduzierung der angehäuften Rüstungen und für den Anfang die Vernichtung eines bedeutenden Teils davon, nicht die Entwicklung immer neuer und neuer Waffensysteme, sei es im Weltraum oder auf der Erde, seien es offensive oder angeblich defensive Mittel. Unser Endziel ist dabei die völlige Vernichtung der Kernwaffen überall auf unserem Planeten, die völlige Beseitigung der Gefahr eines Kernwaffenkrieges.

Die Unterschiede in den Standpunkten der Seiten zu den Fragen, die erörtert werden sollen, sind derzeit groß. Das ist allen offenkundig. Es fehlt nicht an düsteren Prognosen, die die Verhandlungen von vornherein als gescheitert hinstellen. Doch wir teilen sie nicht. Eine Übereinkunft ist absolut erforderlich und durchaus möglich. Sie ist erforderlich, weil sonst die Welt immer schneller die abschüssige Bahn des Wettrüstens hinabgleiten und die Kriegsgefahr wachsen würde. Eine Übereinkunft ist durchaus möglich, weil dazu lediglich erforderlich ist, die Rechte und legitimen Sicherheitsinteressen beider Seiten zu respektieren und keine Störung des entstandenen Kräftegleichgewichts anzustreben.

Wir rufen die Führer der Vereinigten Staaten von Amerika auf, an die bevorstehenden Verhandlungen seriös und ehrlich heranzugehen. Wir appellieren an sie, die sinnlosen Spekulationen auf militärische Überlegenheit über die Sowjetunion und auf Verhandlungen mit uns „von einer Position der Stärke" aufzugeben. Wir rufen sie auf, auf Versuche zu verzichten, uns ein Abkommen aufzuzwingen, das der Sowjetunion bei der Stärkung ihrer Verteidigung einseitig die Hände binden, dafür aber der Realisierung der von Washington geplanten militärischen Rekordprogramme Tür und Tor öffnen würde. Derartige Versuche sind völlig aussichtslos. Indes können sie die Möglichkeit einer Übereinkunft zunichte machen. Diese ist es aber, worauf die Völker unserer Länder warten, die einen dauerhaften Frieden und ein ruhiges und glückliches Leben wünschen.

Im vierzigsten Jahr nach dem Sieg fühlen wir uns alle veranlaßt, noch einmal Rückschau zu halten — sowohl auf das, was im Krieg überstanden wurde, als auch auf das, was danach gekommen ist — und den Blick auf die Perspektiven zu richten, die sich der Welt heute eröffnen. Die Länder der Koalition, die den Sieg über den Faschismus errungen hat, gehörten unterschiedlichen gesellschaftlichen Systemen an. Dennoch wurden sie zu Verbündeten. Ihre Führer haben es verstanden, gemeinsam die Grundlagen der Nachkriegsordnung festzulegen. Diese Grundlagen sind in den Dokumenten von Teheran, Jalta und Potsdam verankert. Ihr Hauptanliegen ist auch heute aktuell: den höchsten Willen der Menschheit, den Willen nach einem dauerhaften Frieden, zu verwirklichen. Auch wurde der Weg dazu gewiesen — die Gemeinsamkeit der Ziele und Aktionen aufrechtzuerhalten, die es ermöglicht hatte, den Nazismus zu überwinden und die Völker vor der Versklavung durch die Hitlerfaschisten zu retten. Mancher mag sagen: Dies geschah nur deshalb, weil Krieg war, weil im Hitlerfaschismus eine Gefahr für alle erkannt worden war.

Das stimmt. Doch auch in unserer Zeit hat die Menschheit, haben alle Völker einen gemeinsamen Todfeind. Das ist die Gefahr einer weltweiten nuklearen Katastrophe. Rufen Sie sich die Ereignisse des vergangenen Jahrzehnts in Erinnerung. Die führenden Repräsentanten der Staaten in Ost und West haben ungeachtet der sie trennenden ernsten Gegensätze die notwendige Entschlußkraft und Einsicht in die Erfordernisse der Zeit aufzubringen vermocht. Sie unternahmen große Schritte in Richtung auf einen dauerhaften Frieden. Ein festes Gewebe gegenseitig vorteilhafter Zusammenarbeit begann sich herauszubilden. Durch gemeinsame Anstrengungen wurden langfristige Prinzipien friedlicher gegenseitiger Beziehungen ausgearbeitet. Diese Prinzipien finden wir in dem Dokument, das die Grundlagen der Beziehungen zwischen der UdSSR und den USA fixierte, in dem Abkommen zwischen beiden Ländern über die Verhütung eines Kernwaffenkrieges. Sie dokumentierten sich in den Verträgen der sozialistischen Länder mit der BRD, die die Nachkriegsrealitäten in Europa verankerten. Sie wurden schließlich in der Schlußakte der gesamteuropäischen Konferenz von Helsinki kollektiv bekräftigt und weiterentwickelt.

Heute wirft die Geschichte in noch schärferer Form die Frage nach der Zukunft der Menschheit auf. Mut und Weitblick der Staatsmänner sind notwendiger denn je. Ich hatte bereits Gelegenheit, davon zu sprechen, welch große Bedeutung eine verbindliche Vereinbarung zwischen den kernwaffenbesitzenden Mächten hätte, bestimmte Normen in den Beziehungen zueinander einzuhalten, damit der Ausbruch eines Nuklearkrieges verhindert wird. Dieser unser Vorschlag bleibt weiter in Kraft.

Ferner könnten meines Erachtens die führenden Repräsentanten der UdSSR und der USA in Würdigung des vierzigsten Jahrestages des Endes des schrecklichsten und verheerendsten aller bisherigen Kriege gemeinsam in einer für beide Seiten geeigneten Form Substanz und Geist der Hauptverpflichtungen bekräftigen, die beide Länder sowohl Ende des Krieges als auch in den Übereinkünften der siebziger Jahre übernommen haben. Sie könnten erklären, daß sie in ihrer Außenpolitik auch künftig im Geiste dieser Verpflichtungen handeln wollen. Das würde natürlich zur Festigung des gegenseitigen Vertrauens und zur allgemeinen Gesundung der Lage in der Welt beitragen. Ich bin überzeugt: Ein solcher gemeinsamer Akt würde die Unterstützung aller friedliebenden Staaten, aller Völker finden.

Die Wahlen zu den Sowjets der Volksdeputierten sind stets ein festliches Ereignis im Leben unseres Landes. Sie sind in der Tat ein Fest, ein Fest des Triumphs der sozialistischen Demokratie. Einer Demokratie, die real und in der Praxis ein umfassendes und interessiertes Mitwirken von Millionen Werktätigen an der Leitung des Staates gewährleistet. . . .

Q u e l l e : *Neues Deutschland*, 23./24. 2. 1985.

## Rede des Generalsekretärs des ZK der KPdSU, Michail Gorbatschow, nach seiner Wahl auf dem Außerordentlichen Plenum des Zentralkomitees am 11. März 1985 (Auszüge)

> *Betrifft:* Linie der KP seit dem XXVI. Parteitag — Wende in der Volkswirt-
> schaft — Leitungssystem der Wirtschaft — Sozialpolitik — Eigenbeitrag —
> Disziplin — Publizität — Länder der sozialistischen Gemeinschaft — Ein-
> fluß des Sozialismus in der Welt — VR China — Länder Asiens, Afrikas
> und Lateinamerikas — kapitalistische Staaten — Einstellung des Wettrü-
> stens — Genfer Verhandlungen — revolutionäre Kräfte — Festigung der
> KP — Verteidigungsfähigkeit — XXVII. Parteitag.

. . . . .

Die auf dem XXVI. Parteitag und auf den folgenden Plenartagungen des ZK unter aktiver Mitwirkung von Juri Wladimirowitsch Andropow und Konstantin Ustinowitsch Tschernenko ausgearbeitete strategische Linie war und bleibt unverändert. Dies ist die Linie zur Beschleunigung der sozialökonomischen Entwicklung des Landes, zur Vervollkommnung aller Seiten des Lebens der Gesellschaft. Es geht um die Umgestaltung der materiell-technischen Basis der Produktion. Es geht um die Vervollkommnung des Systems der gesellschaftlichen Beziehungen, vor allem der ökonomischen. Es geht auch um die Entwicklung des Menschen selbst, um die qualitative Verbesserung seiner materiellen Arbeits- und Lebensbedingungen sowie seiner geistigen Welt.

Wir müssen eine entscheidende Wende in der Überleitung der Volkswirtschaft auf den intensiven Entwicklungsweg erreichen. Wir müssen, ja wir sind verpflichtet, in kurzer Zeit die vordersten wissenschaftlich-technischen Positionen, das welthöchste Niveau der Produktivität der gesellschaftlichen Arbeit zu erreichen. Um diese Aufgabe erfolgreicher und schneller zu lösen, müssen wir auch künftig den Wirtschaftsmechanismus und das gesamte Leitungssystem beharrlich vervollkommnen. Auf diesem Weg und bei der Wahl der optimalen Entscheidungen müssen wir die grundlegenden Prinzipien der sozialistischen Wirtschaftsführung schöpferisch anwenden. Das bedeutet, die planmäßige Entwicklung der Wirtschaft unbeirrt durchzuführen, das sozialistische Eigentum zu stärken, die Rechte der Betriebe zu erweitern und ihre Selbstständigkeit zu erhöhen sowie ihre Interessiertheit an den Endergebnissen der Arbeit zu verstärken. Das bedeutet im Endeffekt, die gesamte wirtschaftliche Entwicklung den Interessen der Sowjetmenschen unterzuordnen.

Die Partei wird die von ihr ausgearbeitete Sozialpolitik unbeirrt durchführen. Alles für den Menschen, für das Wohl des Menschen – diese programmatische Aussage muß mit immer tieferem und konkreterem Inhalt erfüllt werden. Natürlich muß die Verbesserung der Lebensbedingungen des Menschen auf seinem wachsenden Beitrag zur gemeinsamen Sache beruhen. Dort, wo Abweichungen von diesem Prinzip zugelassen werden, wird zwangsläufig die soziale Gerechtigkeit verletzt. Sie aber stellt einen höchst wichtigen Faktor für die Einheit und Stabilität der sozialistischen Gesellschaft dar.

Die Partei betrachtet die weitere Vervollkommnung und Entwicklung der Demokratie, des gesamten Systems der sozialistischen Selbstbestimmung des Volkes als eine Schlüsselaufgabe ihrer Innenpolitik. Die Aufgaben hier sind vielfältig. Viel wird in dieser Hinsicht auch schon getan. Es ist vorgesehen, die Rolle der Sowjets zu erhöhen, die Gewerkschaften, den Komsomol, die Volkskontrolle und die Arbeitskollektive zu aktivieren. Vor uns liegt aber beharrliche Arbeit sowohl in den schon festgelegten als auch in neuen Bereichen. Die Vertiefung der sozialistischen Demokratie ist untrennbar mit einer Hebung des gesellschaftlichen Bewußtseins verbunden. Die Effektivität der Erziehungsarbeit zeigt sich darin, wie die Arbeiter, Kolchosbauern und die Intelligenz an der Lösung der großen und kleinen Probleme teilnehmen, wie sie arbeiten, wie sie gegen Mängel zu Felde ziehen. Die Steigerung der Aktivität der sowjetischen Menschen in der Arbeit und im sozialen Bereich, die Festigung der Disziplin, die Erziehung zu Patriotismus und Internationalismus – daran werden die Ergebnisse der ganzen ideologischen Tätigkeit gemessen.

Dabei werden wir auch künftig entschiedene Maßnahmen einleiten, um überall Ordnung zu schaffen und unser Leben von fremden Erscheinungen, von jedweden Übergriffen auf die Interessen der Gesellschaft und ihrer Bürger zu säubern, um die sozialistische Gesetzlichkeit zu festigen. Wir sind auch künftig verpflichtet, die Publizität in der Arbeit der Partei-, Sowjet-, staatlichen und gesellschaftlichen Organisationen zu erweitern. Wladimir Iljitsch Lenin sagte, daß der Staat durch das Bewußtsein der Massen stark ist. Unsere Praxis hat diese Schlußfolgerung voll und ganz bestätigt. Je besser die Menschen informiert sind, desto bewußter handeln sie, desto aktiver unterstützen sie die Partei, deren Pläne und programmatische Ziele.

Auf dem Gebiet der Außenpolitik ist unser Kurs klar und konsequent. Das ist ein Kurs des Friedens und des Fortschritts. Das erste Gebot für Partei und Staat besteht darin, die brüderliche Freundschaft mit unseren engsten Kampfgefährten und Verbündeten – den Ländern der großen sozialistischen Gemeinschaft – zu hüten und allseitig zu festigen. Wir werden alles von uns Abhängende tun, um das Zusammenwirken mit den sozialistischen Staaten zu erweitern, um die Rolle und den Einfluß des Sozialismus im Weltgeschehen zu erhöhen. Wir möchten eine ernsthafte Verbesserung der Beziehungen zur Volksrepublik China und sind der Meinung, daß dies bei Gegenseitigkeit vollauf möglich ist.

Die Sowjetunion hat immer den Kampf der Völker für die Befreiung vom kolonialen Joch unterstützt. Auch heute sind unsere Sympathien auf der Seite der Länder Asiens, Afrikas und Lateinamerikas, die den Weg der Festigung ihrer Unabhängigkeit und der sozialen Erneuerung gehen. Sie sind uns Freunde und Partner im Kampf für einen dauerhaften Frieden und für bessere, gerechte Beziehungen zwischen den Völkern.

Was die Beziehungen zu den kapitalistischen Staaten betrifft, so möchte ich folgendes feststellen: Wir werden den Kurs der Leninschen Politik des Friedens und der friedlichen Koexistenz strikt verfolgen. Guten Willen beantwortet die Sowjetunion immer mit gutem Willen, Vertrauen mit Vertrauen. Aber alle sollen wissen, daß wir die Interessen unserer Heimat und ihrer Verbündeten niemals preisgeben werden. Wir schätzen die Erfolge der internationalen Entspannung, die in den siebziger Jahren erreicht wurden, und sind bereit, an der Fortführung des Prozesses der Herstellung einer friedlichen, gegenseitig vorteilhaften Zusammenarbeit zwischen den Staaten mitzuwirken, die auf Gleichberechtigung, gegenseitiger Achtung und Nichteinmischung in die inneren Angelegenheiten beruht. Mit neuen Schritten in diese Richtung könnte man den vierzigsten Jahrestag des großen Sieges über den Hitlerfaschismus und den japanischen Militarismus würdig begehen.

Noch nie zuvor schwebte über der Menschheit eine solch schreckliche Gefahr wie in unseren Tagen. Der einzig vernünftige Ausweg aus der entstandenen Lage ist eine Vereinbarung der einander gegenüberstehenden Kräfte darüber, daß das Wettrüsten, vor allem das nukleare, auf der Erde unverzüglich eingestellt und im Kosmos nicht zugelassen wird. Eine Vereinbarung auf ehrlicher und gleichberechtigter Grundlage, ohne Versuche, die andere Seite „auszuspielen" und ihr die eigenen Bedingungen zu diktieren. Eine Vereinbarung, die uns allen hilft, dem ersehnten Ziel näher zu kommen — der vollständigen Vernichtung der Kernwaffen und ihrem Verbot für alle Zeiten, der völligen Beseitigung der Gefahr eines Kernwaffenkriegs. Davon sind wir fest überzeugt.

Morgen beginnen in Genf Verhandlungen zwischen der Sowjetunion und den Vereinigten Staaten von Amerika. Der Standpunkt der Sowjetunion zu diesen Verhandlungen ist gut bekannt. Ich kann nur von neuem bekräftigen: Wir streben keine einseitigen Vorteile gegenüber der Vereinigten Staaten und den NATO-Ländern an, keine militärische Überlegenheit über diese Länder; wir wollen die Einstellung, nicht die Fortsetzung des Wettrüstens und schlagen deshalb vor, die Kernwaffenarsenale einzufrieren und die weitere Stationierung von Raketen zu stoppen; wir wollen eine tatsächliche und bedeutende Reduzierung der angehäuften Waffen und nicht die Schaffung immer neuer Waffensysteme, sei es im Weltraum oder auf der Erde. Es wäre zu wünschen, daß unsere Verhandlungspartner in Genf die Position der Sowjetunion verstehen und sie teilen. Dann würde ein Abkommen möglich werden. Die Völker der Welt könnten erleichtert aufatmen.

Die KPdSU ist ihrem Wesen nach eine internationalistische Partei. Die uns Gleichgesinnten im Ausland können sicher sein: Im Kampf um Frieden und sozialen Fortschritt wird die Partei Lenins wie stets mit den brüderlichen kommunistischen und Arbeiter-Parteien sowie den revolutionär-demokratischen Parteien eng zusammenarbeiten und für die Einheit und das aktive Zusammenwirken aller revolutionären Kräfte eintreten.

Genossen, die Lösung der vor uns stehenden schwierigen Aufgaben setzt die weitere Festigung der Partei und die Erhöhung ihrer organisierenden und lenkenden Rolle voraus. Die KPdSU ging und wird immer von den Leninschen Gedanken ausgehen, daß eine prinzipienfeste Politik die einzig richtige Politik ist. Diese kollektiv erarbeitete Politik wird konsequent und unbeirrt realisiert. Die Partei ist jene Kraft, die fähig ist, die Interessen aller Klassen und sozialen Gruppen, aller Nationen und Völkerschaften des Landes zu berücksichtigen, sie zusammenzuschließen und die Energie des Volkes in das gemeinsame kommunistische Aufbauwerk münden zu lassen. . . .

Angesichts der komplizierten internationalen Lage ist es wie nie zuvor wichtig, die Verteidigungsfähigkeit unserer Heimat auf einem Niveau zu halten, daß potentielle Aggressoren genau wissen: Ein Anschlag auf die Sicherheit des Sowjetlandes und seiner Verbündeten, auf das friedliche Leben der sowjetischen Menschen wird mit einem vernichtenden Gegenschlag beantwortet. Unsere ruhmreichen Streitkräfte werden auch künftig über alles verfügen, was dazu notwendig ist.

Jetzt ist die Vorbereitung auf den XXVII. Parteitag der KPdSU in vollem Gange. Auf diesem Parteitag werden eine neue Fassung des Programms der Partei erörtert sowie die Perspektiven der Entwicklung des Landes für das nächste Planjahrfünft und bis zum Jahr 2000 abgesteckt. Die Zeit erfordert angespannte, schöpferische Arbeit der Parteiorganisationen auf allen Ebenen. An allen Abschnitten, an jedem Ort müssen die Kommunisten beispielgebend für die Erfüllung der staatsbürgerlichen Pflicht, für die gewissenhafte Arbeit zum Wohle der Gesellschaft sowie für die strikte Einhaltung des Leninschen Arbeitsstils sein. Das betrifft in erster Linie die Parteikader sowie die Partei- und Staatsfunktionäre. Die KPdSU wird unerschütterlich die Linie zur Verstärkung der Anforderungen, zur Erhöhung der Verantwortung für die übertragene Sache verfolgen. ...

Das Plenum des Zentralkomitees hat mir heute die schweren und großen Pflichten des Generalsekretärs des ZK der KPdSU übertragen. Ich bin mir wohl bewußt, wie groß das mir erwiesene Vertrauen und wie groß die damit verbundene Verantwortung ist. Ich rechne für die bevorstehende Arbeit mit der Unterstützung und aktiven Hilfe der Mitglieder und Kandidaten des Politbüros, der Sekretäre des ZK, des ganzen Zentralkomitees der Partei. Ihre reichen Erfahrungen sind der konzentrierte Ausdruck der historischen Erfahrungen unseres Volkes. Ich verspreche Ihnen, Genossen, unserer Partei, unserem Volk und der großen Sache Lenins mit aller Kraft treu zu dienen. Gestatten Sie mir, meiner Überzeugung Ausdruck zu verleihen, daß Volk und Partei — vereint um das Zentralkomitee — auf dem Wege zum XXVII. Parteitag alles tun werden, damit unsere sowjetische Heimat noch reicher und mächtiger wird, damit sich die schöpferischen Kräfte des Sozialismus noch reicher entfalten.

Q u e l l e : *Neues Deutschland*, 12. 3. 1985.

**Rede des Generalsekretärs des Zentralkomitees der KPdSU, Michail Gorbatschow, bei den Begräbnisfeierlichkeiten für Konstantin Tschernenko am 13. März 1985 in Moskau (gekürzt)**

> *Betrifft:* Verdienste Tschernenkos — XXVI. Parteitag und die ZK-Plenartagungen seit November 1982 — Festigung der Disziplin — Geschlossenheit der Partei — Wettrüsten — friedliche Koexistenz — sozialistische Gemeinschaft.

. . . . .

Von Jugend an stellte sich Konstantin Ustinowitsch voll und ganz in den Dienst der Sache des Volkes. Welche Funktionen in Partei und Staat er auch immer innehatte — in einer Grenzeinheit, in Sibirien oder im Wolga-Gebiet, in Moldawien oder in Moskau — überall setzte Konstantin Ustinowitsch Tschernenko seine ganze Kraft ein, trat er als leidenschaftlicher Propagandist des Marxismus-Leninismus auf, inspirierte und einte er die Menschen, lenkte geschickt ihre Anstrengungen auf große und nützliche Taten. Stets zeichnete er sich durch hohe ideologische Überzeugungskraft, schöpferischen Elan, Sachlichkeit, parteiliche Prinzipientreue, Feinfühligkeit und Aufmerksamkeit gegenüber den Menschen aus.

Die reichen politischen Erfahrungen Konstantin Ustinowitsch Tschernenkos kamen besonders deutlich in seinen Funktionen als Generalsekretär des ZK der KPdSU und Vorsitzender des Präsidiums des Obersten Sowjets der UdSSR zum Ausdruck. Unter seiner Leitung wurden vom Zentralkomitee und vom Politbüro des ZK wichtige Beschlüsse zu Grundproblemen der ökonomischen und sozialpolitischen Entwicklung des Landes sowie zur kommunistischen Erziehung der Massen gefaßt und verwirklicht. Konstantin Ustinowitsch tat viel für die Verwirklichung des

Leninschen Kurses unserer Partei – des Kurses zur Festigung der Stärke unserer Heimat sowie zur Erhaltung und Festigung des Weltfriedens.

Heute erklären die Kommunistische Partei, ihr Zentralkomitee und das Politbüro des ZK vor dem sowjetischen Volk nachdrücklich ihre unerschütterliche Entschlossenheit, der großen Sache des Sozialismus und Kommunismus, der Sache des Friedens, des sozialen Fortschritts und des Glücks der Werktätigen treu zu dienen. Unter aktiver Mitwirkung Konstantin Ustinowitsch Tschernenkos wurde der Kurs der Partei auf die allseitige Intensivierung der Produktion, auf die weitere Hebung des materiellen und des geistig-kulturellen Niveaus des Volkes, auf die Vervollkommnung des politischen Systems der Gesellschaft und die Vertiefung der sozialistischen Demokratie kollektiv erarbeitet und verwirklicht.

Wir werden auch künftig zielstrebig den Kampf für die Verwirklichung der Beschlüsse des XXVI. Parteitages der KPdSU, des Novemberplenums (1982) und der nachfolgenden Plenartagungen des ZK zur Beschleunigung der sozialökonomischen Entwicklung des Landes sowie zur Stärkung seiner Wirtschafts- und Verteidigungskraft führen. Das wichtigste Anliegen von Partei und Staat waren und bleiben stets die Befriedigung der wachsenden Bedürfnisse der sowjetischen Menschen und der Verbesserung ihrer Arbeits- und Lebensbedingungen.

Im Mittelpunkt der Aufmerksamkeit werden auch weiterhin die Entwicklung der Initiative und des Schöpfertums der Massen, die strikte Einhaltung von Ordnung und Gesetzlichkeit sowie die Festigung der Arbeits-, Staats- und Parteidisziplin stehen. Mit allen Kräften werden wir diejenigen unterstützen, stimulieren und würdigen, die nicht mit Worten, sondern mit Taten und praktischen Ergebnissen ihre ehrliche und gewissenhafte Einstellung zur gesellschaftlichen Pflicht unter Beweis stellen. Wir werden gegen alle Erscheinungen von Schaumschlägerei und Phrasendrescherei, Dünkelhaftigkeit und Verantwortungslosigkeit kämpfen, gegen alles, was den Normen des sozialistischen Lebens widerspricht. Das Zentralkomitee wird auch künftig die Geschlossenheit der Partei und ihre Verbindung zu den Massen unablässig festigen und den Stil der Parteiarbeit, der staatlichen und gesellschaftlichen Tätigkeit vervollkommen.

Mit dem Namen Konstantin Ustinowitsch Tschernenkos sind die Verwirklichung des außenpolitischen Kurses des Sowjetstaates, bedeutende, auf die Einstellung des Wettrüstens und die Beseitigung der Gefahr einer weltweiten thermonuklearen Katastrophe gerichtete Friedensinitiativen verbunden. Unsere Partei und unser Staat werden ihre Anstrengungen in dieser Richtung auch weiterhin verstärken und alles tun, um den Frieden zu erhalten. Wir gehen davon aus, daß das Recht auf Leben in Frieden und Freiheit das wichtigste Menschenrecht ist. Wir bekräftigen erneut unsere Bereitschaft, gutnachbarliche Beziehungen zu allen Ländern entsprechend den Prinzipien der friedlichen Koexistenz und auf der Grundlage der Gleichberechtigung und gegenseitig vorteilhaften Zusammenarbeit zu unterhalten.

Die Sowjetunion hat niemals jemanden bedroht. Doch wird es auch nie jemandem gelingen, uns seinen Willen zu diktieren. Der Sozialismus stellt, wie Lenin lehrte, seine Vorzüge unter Beweis, doch wird er sie nicht durch die Stärke der Waffen, sondern durch die Kraft des Beispiels in allen Lebensbereichen der Gesellschaft – im wirtschaftlichen, politischen und moralisch-ethischen Bereich – beweisen.

Der Sache des Friedens und des sozialen Fortschritts dienen zuverlässig die wachsende Stärke und Geschlossenheit der Länder der sozialistischen Gemeinschaft. Das Zentralkomitee der KPdSU und die sowjetische Regierung unternehmen alles Notwendige, damit ihr Bruderbund noch fester wird, damit sich ihre politische und wirtschaftliche Zusammenarbeit entwickelt und vertieft. Unsere Partei wird getreu den Prinzipien des sozialistischen Internationalismus auch künftig alles für die Erweiterung des Zusammenwirkens der Bruderländer, für die Festigung ihrer Positionen in den internationalen Angelegenheiten tun.

Wir sind überzeugt, daß die Ziele der Partei, die ihrem XXVII. Parteitag entgegengeht, erreicht werden. Eine Garantie dafür ist die selbstlose Arbeit der sowjetischen Menschen und die unzerstörbare Einheit von Partei und Volk. . . .

Q u e l l e : *Neues Deutschland*, 14. 3. 1985.

### Interview des Generalsekretärs des Zentralkomitees der KPdSU, Michail Gorbatschow, mit der „Prawda" vom 7. April 1985 über Fragen der internationalen Sicherheit

*Betrifft:* Internationale Lage — Beendigung des Rüstungswettlaufs — sowjetisch-amerikanische Beziehungen — Militarisierung des Weltraums — Bereitschaft zum Dialog — Moratorium für die Stationierung von Mittelstreckenraketen.

*Frage:* Unsere Zeitung erhält viele Briefe von sowjetischen Menschen und aus dem Ausland, die internationalen Angelegenheiten gelten. Wie würden Sie die internationale Lage charakterisieren?

*Antwort:* Mir ist das gewachsene Interesse der Menschen für internationale Angelegenheiten begreiflich. Breite Volksmassen auf allen Kontinenten sind bestrebt, aktiven Einfluß auf die Geschicke der gegenwärtigen Welt zu nehmen.

Und das kommt nicht von ungefähr. Die Welt ist mit komplizierten Problemen politischen, ökonomischen und sozialen Charakters angefüllt. Es existieren zwei entgegengesetzte Gesellschaftssysteme — Sozialismus und Kapitalismus. Auf dem Schauplatz des Weltgeschehens wirken aktiv Dutzende neue Staaten mit eigener Geschichte, eigenen Traditionen und eigenen Interessen. Das ist gleichfalls eine Realität.

Um die internationalen Beziehungen in der gegenwärtigen Welt aufbauen zu können, muß man dem Rechnung tragen. Man darf nicht die Interessen anderer Staaten ignorieren und erst recht nicht Versuche unternehmen, sie des Rechtes zu berauben, selbst ihren Entwicklungsweg zu wählen. Eben das ist im weiteren Sinne eine Politik der friedlichen Koexistenz, bei der jedes System mit der Kraft des Beispiels und nicht mit Waffengewalt beweisen wird, welches von ihnen besser ist.

Eine andere, ebenso aktuelle Schlußfolgerung ist die Notwendigkeit, den Rüstungswettlauf zu beenden. Die Entwicklung der internationalen Lage hat eine solche Grenze erreicht, wo die Frage entsteht: Wohin geht es weiter? Ob es für Persönlichkeiten, die die Politik von Staaten bestimmen, nicht an der Zeit wäre, halt zu machen, Überlegungen anzustellen und die Annahme von Entscheidungen zu verhindern, die die Welt in eine nukleare Katastrophe drängen.

Es besteht ein dringender Bedarf an internationaler Zusammenarbeit bei der Anbahnung eines Dialogs und bei der Suche nach realistischen Lösungen, die die Spannungen in der Welt mindern und helfen würden, dem Wettrüsten die Wege zu verbauen. Daran sollten alle Staaten — die großen wie die kleinen — teilnehmen. Es ist verständlich, daß den Kernwaffenmächten, vor allem der Sowjetunion und den Vereinigten Staaten von Amerika, eine besondere Rolle zukommt.

Unser Land betrieb und betreibt auch weiterhin eine aktive und konstruktive Außenpolitik im Interesse der Festigung des Friedens. Das wurde auf der jüngsten Plenartagung des Zentralkomitees der KPdSU bestätigt, wo die außenpolitischen Prinzipien des Sowjetstaates dargelegt wurden.

*Frage:* In der Welt ist vieles mit der Stand der sowjetisch-amerikanischen Beziehungen verbunden. Gibt es nun Ihrer Ansicht nach Möglichkeiten für ihre Veränderung zum Besseren?

*Antwort:* Die Beziehungen zwischen der UdSSR und den USA sind ein äußerst wichtiger Faktor der internationalen Politik.

Wir sehen auf die Welt aber keineswegs nur durch das Prisma dieser Beziehungen. Wir verstehen, welches Gewicht die anderen Länder in internationalen Angelegenheiten haben, und berücksichtigen das bei der Beurteilung der gesamten Lage in der Welt.

Ob es jetzt Veränderungen in den sowjetisch-amerikanischen Beziehungen zum Besseren gibt? Eine einfache Antwort auf diese Frage gibt es nicht. Etwas gibt Grund für eine Hoffnung. Es gibt aber auch nicht wenig und sogar viel, was besorgniserregend ist.

In Genf haben die neuen sowjetisch-amerikanischen Verhandlungen über nukleare und Weltraum-Waffen begonnen. Das ist eine positive Tatsache. Gemeinsam mit den USA haben wir

Gegenstand und Ziel der Verhandlungen, kurz gefaßt, so bestimmt: ein Wettrüsten im Weltraum nicht zu beginnen, es auf der Erde zu beenden und an eine radikale Reduzierung der nuklearen Rüstungen zu gehen, wobei unser Endziel in ihrer restlosen Liquidierung besteht.

Nun muß man diese Vereinbarung umsetzen. Das sind wichtige Verhandlungen. Ich spreche davon vor allem deshalb, weil jetzt entschieden wird, wohin die Entwicklung der sowjetisch-amerikanischen Beziehungen und die Entwicklung in der Welt insgesamt gehen wird. Wir stehen vor der Wahl: entweder ein Wettrüsten in alle Richtungen und das Anwachsen der Kriegsgefahr oder die Festigung der allgemeinen Sicherheit und ein stabilerer Frieden für alle.

Es gibt etliche Fortschritte auf anderen Gebieten der sowjetisch-amerikanischen Beziehungen, die jedoch sehr gering sind. Im großen und ganzen bleiben die Beziehungen angespannt. In Washington setzt man auf Gewalt und macht man auch keinen Hehl daraus. Und man baut auf eine Übermacht, die die restliche Welt Amerika unterwerfen würde. Diplomatie und Verhandlungen sind dort Raketen und Bombern förmlich unterstellt. Steht es doch fest, daß die neuen strategischen Rüstungsprogramme im Kongreß auch von den Leuten durchgepeitscht werden, die im Namen der USA die Verhandlungen in Genf führen.

Alle haben viel von den „Sternenkriegs"-Plänen gehört, die von der US-Administration angekündigt wurden. Das Vokabular scheint aus der wissenschaftlich-phantastischen Literatur zu stammen. Man versucht jedoch, hinter ihm die reale, schreckliche Gefahr für unsere Erde zu verbergen. Phantastisch würde ich die Argumente nennen, die zur Begründung der Militarisierung des Weltraums vorgebracht werden. Man redet von Verteidigung und bereitet sich auf einen Angriff vor, man preist einen kosmischen Schild an und schmiedet ein kosmisches Schwert, man verspricht, die Kernwaffen zu liquidieren und stockt sie in der Praxis auf und modernisiert sie. Man verheißt der Welt Stabilität und hat es auf Zerstörung des militärischen Gleichgewichts abgesehen.

Da die Menschen intuitiv den gefährlichen Charakter der „Sternenkriegs"-Pläne erkennen, wollen die Autoren dieser Pläne glauben machen, es handle sich um harmlose wissenschaftliche Forschungen, bei denen noch technologische Vorteile winken. Unter Benutzung dieses Köders will man auch seine Bündnispartner zur Teilnahme an diesem gefährlichen Unterfangen heranziehen. Man behauptet sogar, man könne über die Schaffung von Weltraumwaffen zur Liquidierung von Kernwaffen gelangen. Ein Finte. Ebenso wie das Aufkommen von Kernwaffen die konventionellen Waffen nicht liquidiert und nur zu einem forcierten Wettrüsten bei nuklearen und konventionellen Waffen geführt hat, so wird auch die Schaffung von Weltraumwaffen nur eins zur Folge haben: Das Wettrüsten wird intensiver sein und neue Sphären erfassen.

Ich unterstrich die Momente, die die sowjetisch-amerikanischen Beziehungen vor allem komplizieren, sie zuweilen bis an den Rand scharfer Spannungen bringen. Dabei sieht mancher in den USA diese Situation anscheinend als normal an und hält Konfrontation beinahe für einen natürlichen Zustand.

Wir sind nicht dieser Meinung. Konfrontation ist kein angeborener Fehler unserer Beziehungen. Das ist eher eine Anomalie, deren Bestehen keineswegs unermeidlich ist. Die Verbesserung der sowjetisch-amerikanischen Beziehungen halten wir nicht nur für äußerst notwendig, sondern auch für möglich. Ohne Gegenseitigkeit kommt man hier natürlich nicht aus.

*Frage:* Großes Interesse ruft die Möglichkeit eines Treffens mit dem Präsidenten der USA hervor. Wie sind hier die Perspektiven?

*Antwort:* Die Frage nach einem solchen Treffen wurde in unserer Korrespondenz mit Präsident Reagan angeschnitten. Ich kann sagen, daß beide Seiten sich positiv zur Durchführung des Treffens äußerten. Termine und der Ort seiner Durchführung werden Gegenstand der nächsten Absprache sein.

In größerem Rahmen war in der Korrespondenz die Rede davon, gemeinsame Wege zur Verbesserung der Beziehungen zwischen der UdSSR und den USA zu finden und ihnen einen stabileren und konstruktiveren Charakter zu verleihen. Ich bin überzeugt, daß es nötig ist, den sowjetisch-amerikanischen Beziehungen auf hoher politischer Ebene einen starken Impuls zu verleihen. Wir schlagen der US-Regierung vor, so zu verfahren, daß alle unsere Völker und andere Länder sehen: Die Linien der Politik der UdSSR und der USA sind nicht auf Feindseligkeit und Konfrontation, sondern auf die Suche nach gegenseitigem Verständnis und auf friedliche Entwicklung ausgerichtet.

*Frage:* Aus dem von Ihnen Gesagten ist ersichtlich, daß man auf breiter Front vorgehen muß. Und wo sehen Sie trotzdem den Haupthebel für eine substantielle Wende?

*Antwort:* In intensiven gegenseitigen Bemühungen. Und wirklich Bemühungen auf breiter Front. Das gegenseitige Verständnis hinsichtlich der Notwendigkeit, zur Regelung von Konfliktsituationen in der Welt beizutragen, würde sich positiv auf unsere und die internationalen Beziehungen auswirken. Bei der Entwicklung der bilateralen Verbindungen zwischen der UdSSR und den USA kann man vieles auch zum beiderseitigen Nutzen tun.

Und dennoch liegt das, was Sie den Haupthebel nannten, in der Sphäre der Sicherheit. Womit könnte man hier konkret beginnen?

Wenn man sich schon an den Verhandlungstisch gesetzt hat, um eine Reduzierung der Rüstungen zu vereinbaren, so müßte man zumindest von ihrer Aufstockung absehen. Deshalb schlagen wir vor, daß die UdSSR und die USA für die ganze Zeit der Verhandlungen ein Moratorium für die Schaffung – die Forschungs- und Entwicklungsarbeiten eingeschlossen –, die Tests und die Stationierung kosmischer Angriffswaffen einführen und ihre strategischen Offensivwaffen einfrieren.

Gleichzeitig soll die Stationierung amerikanischer Mittelstreckenraketen in Europa und dementsprechend die Weiterführung unserer Gegenmaßnahmen eingestellt werden.

Die führenden amerikanischen Persönlichkeiten erklären, sie seien für radikale Rüstungsbegrenzungen. Wenn dem so ist, ist es nur logisch, das Wettrüsten zunächst zu stoppen und dann sofort zu Reduzierungen überzugehen.

Wir sind für einen ehrlichen Dialog und bereit, unseren guten Willen erneut an den Tag zu legen. Und von diesem Tag an – das möchte ich betonen – führt die Sowjetunion ein Moratorium für die Stationierung ihrer Mittelstreckenraketen ein und setzt die Durchführung der anderen Gegenmaßnahmen in Europa aus. Das Moratorium gilt bis November des laufenden Jahres. Welche Entscheidung wir danach treffen, hängt davon ab, ob die USA unserem Beispiel folgen: ob sie die Stationierng ihrer Mittelstreckenraketen in Europa stoppen oder nicht.

Zusammenfassend kann ich sagen, daß Möglichkeiten für eine Verbesserung der sowjetisch-amerikanischen Beziehungen, für die Gesundung der gesamten internationalen Situation gegeben sind. Diese Möglichkeiten darf man nicht ungenutzt lassen. Man muß sie auf die Ebene der konkreten Politik und der praktischen Lösungen überleiten.

Q u e l l e : *Dokumente* (Sowjetische Botschaft in Bonn/Presseagentur Nowosti), 9. 4. 1985.

# Rede des britischen Außenministers zu Fragen der internationalen Sicherheit

**Rede des britischen Außenministers, Sir Geoffrey Howe,
vor dem Royal United Services Institute in London am 15. März 1985**

*Betrifft:* Grundlagen der Verteidigung des Bündnisses – atomare Bedrohung – neue Technologien – Initiative zur Strategischen Verteidigung – Streben nach einer Strategie zur Vermeidung von Kriegen.

## VERTEIDIGUNG UND SICHERHEIT IM NUKLEARZEITALTER

Die Wiederaufnahme der amerikanisch-sowjetischen Verhandlungen und die derzeitigen Diskussionen über neue Waffen und Technologien in Zusammenhang mit dem Weltraum bieten einen geeigneten Anlaß, den vor uns liegenden Weg zu sondieren. Ich freue mich, daß ich dank der Einladung des Royal United Services Institute die Möglichkeit hierzu habe.

Als Thema habe ich die Verteidigung und Sicherheit im Nuklearzeitalter gewählt. Das westliche Bündnis hat immer seine ausschließlich defensive Aufgabe betont. Wir haben uns wiederholt verpflichtet, Waffen nur im Gegenschlag auf einen Angriff einzusetzen. Laut NATO-Vertrag haben wir alle die Pflicht, uns selber und unsere Bündnispartner zu verteidigen. Die Möglichkeiten dazu werden seit einer Generation debattiert. Ich möchte heute diese Möglichkeiten unter die Lupe nehmen, die Zusammenhänge zwischen Verteidigung im weitesten Sinn und Systemen zur Abwehr von Atomwaffen aufzeigen und die Probleme beleuchten, die unser Bündnis in Angriff nehmen muß, wenn seine Bemühungen um die Friedenssicherung weiterhin erfolgreich bleiben sollen.

Vor vierzig Jahren hat sich die Art der Kriegführung zwischen Großmächten unwiderruflich geändert. Es hat lange gedauert, bis das Ausmaß dieser revolutionären Änderung erkannt wurde. Einstein hat dazu sinngemäß gesagt, nach Anbruch des Nuklearzeitalters habe sich alles geändert außer unserer Denkweise. Allmählich haben wir jedoch gelernt, anders zu denken und zu erkennen, daß – wie Bernard Brodie einmal meinte – bislang die Hauptaufgabe des Militärs darin bestand, Kriege zu gewinnen, von jetzt an aber seine Hauptaufgabe die sein muß, sie zu verhindern. Hier liegt der Kernpunkt des Paradoxons der Abschreckung. Wie kann man Krieg verhindern? Wie kann man mit der Existenz von Atomwaffen umgehen, um sicherzustellen, daß sie nie eingesetzt zu werden brauchen?

Es hat Vorschläge gegeben, die besagten, der Westen solle den gordischen Knoten durchhauen, indem er alle seine Atomwaffen abschafft und auf die friedlichen Absichten der Genossen in Moskau vertraut. Eine solche Strategie hat im Westen wenig Anhänger gefunden, und offenbar ist sie im Osten niemals auch nur in Erwägung gezogen worden. Eine zweite Alternative, die Idee eines Präventivschlags, wurde und wird nach wie vor den Völkern und Regierungen des Westens mit der gleichen Entschiedenheit abgelehnt. Die verbleibende Möglichkeit – eine Truppenstärke, sowohl mit konventioneller wie auch mit atomarer Rüstung, aufrechtzuerhalten, die eine glaubhafte Verteidigung gegen jedweden Angriff darstellt und bewirkt, daß für jede Aggression ein unannehmbarer Preis gefordert wird – wurde fast universell akzeptiert. Die auf dem gesamten Spektrum der Rüstung – von konventionellen bis zu Kernwaffen – basierende Abschreckung wurde zur Grundlage der Verteidigung dieses Landes und unserer Bündnispartner.

Seitdem leben wir mit dieser Entscheidung, den Feind abzuschrecken, anstatt ihn anzugreifen oder uns ihm zu unterwerfen; meine Regierung und alle ihre Vorgängerinnen haben sie uneingeschränkt unterstützt. Und wir leben seit vierzig Jahren in Frieden. Anstatt durch das nukleare Schwert getötet zu werden, leben wir unter dem Schutzschild der Abschreckung.

Das Nuklearzeitalter entstand aus der neuen Technologie. Und die Entwicklung der Technologie geht weiter. Dies ist eine unumstößliche Tatsache im Zwanzigsten Jahrhundert. Vor zwanzig Jahren schälten sich die ersten Möglichkeiten einer begrenzten Verteidigung gegen die atomare Bedrohung heraus. Gleichzeitig begann man, selbst die theoretische Möglichkeit eines erfolgreichen Präventivschlags zu verwerfen. Die Technologie schuf überlebensfähige Truppen, die in der Lage waren, jede Art von Angriff – auch mit Atomwaffen – zu überstehen und dennoch einen zweiten Schlag als Vergeltung zu führen. Außerdem gewann die Vorstellung neues Gewicht, daß durch Verhandlungen zwischen Gegnern die Truppenstärke auf beiden Seiten tatsächlich begrenzt und letztlich sogar reduziert – und damit die Stabilität der Abschreckung gestärkt – werden könne.

So kam es, daß im Jahr 1972 die Vereinigten Staaten und die Sowjetunion ein historisches Übereinkommen schlossen: den ABM-Vertrag, der die Grundlage für das künftige strategische Gleichgewicht bilden sollte. Gemäß diesem Vertrag verpflichteten sich die Vereinigten Staaten und die Sowjetunion für unbegrenzte Dauer, aktive Verteidigungsmaßnahmen gegen die atomare Bedrohung durch ballistische Flugkörper auf einem sehr niedrigen Niveau zu halten – einem so niedrigen Niveau, daß die Vereinigten Staaten daraufhin zu dem Schluß kamen, daß jegliche weitere Entwicklungen solcher Verteidigungswaffen nicht sinnvoll waren. Die Russen ihrerseits behielten sich lediglich einen gewissen Schutz Moskaus vor.

Der ABM-Vertrag basierte auf der Einsicht, daß es in einem Atomkrieg keine Gewinner geben könne und daß es eine gefährliche Illusion sei zu glauben, daß wir diese Realität ignorieren könnten. Gleichzeitig begrenzt der SALT-I-Vertrag den künftigen Ausbau der Kernwaffenarsenale.

Die Folge hiervon waren das Abgehen von der Möglichkeit der umfassenden Dislozierung von Verteidigungssystemen, die 1972 als destabilisierend, kostspielig und ohnehin wirkungslos beurteilt wurde, sowie die Stärkung der Strategie der atomaren Abschreckung aufgrund der klaren Erkenntnis der beiderseitigen Verwundbarkeit.

Das gemeinsame Akronym für letzteres ist MAD. Meiner Ansicht nach sollte dies nicht Mutual Assured Destruction (gesicherte gegenseitige Vernichtung) heißen, sondern Mutual Assured Deterrence (gesicherte gegenseitige Abschreckung). Unsere Regierung lehnt – ebenso wie ihre Vorgängerinnen – die Vernichtung ab. Sie hat sich zur Erhaltung des Friedens verpflichtet, und zwar mit Hilfe von Maßnahmen, die potentielle Aggressoren davon abhalten, ihn zu bedrohen. Wir sind zuversichtlich, daß diese Politik auch weiterhin erfolgreich sein wird – solange potentielle Angreifer sich im klaren darüber sind, daß der Gegenschlag verheerende Folgen haben würde.

Um zu der historischen Analyse zurückzukehren: Der Vormarsch der Technologie setzte sich fort. Während manche Elemente der atomaren Rüstung eingeschränkt wurden, begann bei anderen eine Vermehrung. Die Annahme, daß sich die Russen in den siebziger Jahren das gleiche Maß an Selbstbeschränkung auferlegen würden wie die Amerikaner, erwies sich als irrig. Im Lauf der letzten fünfzehn Jahre hat die Sowjetunion ihre strategischen Waffen in weit größerem Umfang verbessert und modernisiert als die Vereinigten Staaten. Das bedeutet, daß ihre Waffensysteme, im großen und ganzen gesehen, wesentlich neuer sind. Die Sowjetunion ist im Augenblick dabei, eine neue Generation von Interkontinentalraketen und ubootgestützten ballistischen Flugkörpern, einen neuen strategischen Bomber sowie eine neue Generation von Marschflugkörpern zu entwickeln und zu testen. Während die Vereinigten Staaten, was die Gesamtzahl der Sprengköpfe angeht, möglicherweise leicht im Vorteil ist, verfügt die Sowjetunion über mehr Trägersysteme. Außerdem hat sie mehr Sprengköpfe auf ihren Flugkörpern und besitzt Kernwaffen mit annähernd dem dreifachen Wurfgewicht.

Ohne Zweifel verursacht das derzeitige sowjetische Potential berechtigte Besorgnis auf unserer Seite; sein Ausbau während des letzten Jahrzehnts geht weit über das zu rechtfertigende Erfordernis der Verteidigung der Sowjetunion hinaus. Angesichts dieser Tatsache sahen sich die Vereinigten Staaten und ihre Bündnispartner gezwungen, ihrerseits Maßnahmen zur Modernisierung ihrer Arsenale zu ergreifen.

Im Bereich der Kernwaffen mittlerer Reichweite (INF) besteht nach wie vor ein deutliches Ungleichgewicht zugunsten des Warschauer Pakts – selbst nach der verspäteten Dislozierung einer begrenzten Anzahl von bodengestützten Marschflugkörpern und Pershing II durch die NATO. Die anhaltende Erhöhung der Zahl von SS-20-Raketen ist nach wie vor Anlaß zu großer

Besorgnis. Entscheidende Nachrüstungen werden zur Zeit bei den sowjetischen Systemen kürzerer Reichweite mit nuklearer und konventioneller Einsatzfähigkeit vorgenommen; Modernisierungen sind ferner bei der sowjetischen nuklearen Gefechtsfeldartillerie im Gange.

Im Jahr 1985 stehen wir erneut vor einer Reihe von Optionen für die Erhaltung unserer Verteidigungsfähigkeit bis ins nächste Jahrhundert hinein. Wir könnten abrüsten und unsere Waffen wegwerfen. Das zu tun hieße, uns der Chance zu berauben, ausgewogene Waffenreduzierungen mit unseren Gegnern auszuhandeln oder auch die neuen Vorteile zu nutzen, die die Technik möglicherweise zu bieten hat.

Andererseits könnten wir uns in eine neue Rüstungsorgie stürzen. Dies hieße, eine zweifelhafte Sicherheit in Waffenarsenalen zu suchen, die weit über das Mindestmaß hinausgehen, das wir heute für die Verhinderung von Angriffen auf uns für nötig halten.

Die britische Regierung lehnt sowohl den einen wie auch den anderen Kurs ab.

Offensichtlich haben wir noch immer die dritte Möglichkeit: ein ausreichend großes Potential aufrechtzuerhalten, um vor jeglicher Aggression gegen uns und unsere Verbündeten abzuschrecken und uns gleichzeitig um ausgewogene Reduzierungen dieser Potentiale auf beiden Seiten zu bemühen. Die Abschreckung muß glaubwürdig bleiben, während die politischen, strategischen und finanziellen Kosten für die Unterhaltung solcher Potentiale gesenkt werden. Trotz Schwächen in manchen Bereichen bin ich der Auffassung, daß die derzeitigen und die geplanten nuklearen Potentiale der USA und der NATO ein stabiles Abschreckungsgleichgewicht bieten und dies auch weiterhin tun werden. Ich betone, daß das westliche Nachrüstungsprogramm ein wesentlicher Faktor für die Aufrechterhaltung dieses Gleichgewichts ist. Es hat keinen Sinn, das Prinzip der Abschreckung zu akzeptieren und dann nicht mit aller Entschiedenheit für die erforderlichen Mittel zu sorgen, um die Wirksamkeit der Abschreckung aufrechtzuerhalten.

Mit Präsident Reagans Initiative zur Strategischen Verteidigung ist jetzt, nach mehr als einem Jahrzehnt der Vergessenheit, eine vierte mögliche Option wiedereingeführt worden. Die strategische Debatte konzentriert sich auf neue Möglichkeiten der aktiven Verteidigung gegen die nukleare Bedrohung.

Die britische Regierung ist der Auffassung, daß bei der Diskussion dieser neuen Möglichkeiten gewisse bewährte Prämissen ihre Gültigkeit behalten: die Notwendigkeit starker und glaubwürdiger militärischer Streitkräfte; die Notwendigkeit, die Abschreckung aufrechtzuerhalten; und die Notwendigkeit, uns um Abrüstungsmaßnahmen zu bemühen. Die vier im vergangenen Dezember in Camp David zwischen Premierministerin Thatcher und Präsident Reagan vereinbarten und im Februar bei ihren Gesprächen in Washington bekräftigten Punkte sind in diesem Zusammenhang von vorrangiger Bedeutung. Diese vier Punkte sind mittlerweile bekannt. Doch da sie die Grundlage für den Kurs der britischen Regierung gegenüber der strategischen Zukunft darstellen, ist ihre Wiederholung durchaus angebracht.

Wie die Premierministerin berichtet hat, einigte sie sich mit dem Präsidenten darauf, daß:

— das amerikanische und das westliche Ziel insgesamt nicht darin besteht, Überlegenheit zu erlangen, sondern unter Berücksichtigung sowjetischer Entwicklungen das Gleichgewicht zu wahren;

— SDI-bezogene Dislozierungen in Anbetracht vertraglicher Verpflichtungen Gegenstand von Verhandlungen sein müßten;

— das übergeordnete Ziel darin besteht, die Abschreckung zu verstärken, nicht zu untergraben;

— Ost-West-Verhandlungen darauf abzielen sollten, Sicherheit mit reduzierten Beständen an Offensivsystemen auf beiden Seiten zu erreichen.

In der Konfrontation mit der neuen Herausforderung setzen wir somit unsere Politik konsequent fort. Doch welches sind die eigentlichen Probleme, die zu lösen sind, und welches die neuen Fragen, die beantwortet werden müssen?

In seiner historischen Rede, in der er vor fast zwei Jahren die „Initiative zur Strategischen Verteidigung" vorstellte, sprach Präsident Reagan von seiner Vision, daß neue Techniken es ermöglichen könnten, einen umfassenden Schutzschild gegen nukleare Angriffe zu schaffen. Er könnte ballistische Flugkörper „unwirksam und überflüssig" machen und damit die Völker der Welt ein für allemal von der Bedrohung der nuklearen Auslöschung befreien.

Von Anfang an galt diese Vision als Unsicherheitsfaktoren unterworfen. Wie der Präsident im März 1983 selber sagte: „Es wird jahre-, wahrscheinlich jahrzehntelange Anstrengungen an vielen Fronten kosten. Es wird Mißerfolge und Rückschläge geben, ebenso wie es Erfolge und Durchbrüche geben wird". Spätere Statements in Washington haben den experimentellen Charakter des Unternehmens unterstrichen.

Dennoch hat die Vision des Präsidenten bereits in mehrfacher Hinsicht entscheidende Auswirkungen gehabt. Sie hat das Interesse auf militärische Aktivitäten im Weltraum und auf neue Waffensysteme konzentriert, die theoretisch im Weltraum oder auf ihn gezielt disloziert werden könnten. Sie hat ferner die öffentliche Aufmerksamkeit auf die erheblichen Forschungsanstrengungen gelenkt, die in der Sowjetunion zur Entwicklung einer Reihe von Defensivmaßnahmen im Gange sind.

Bisher ist diesem sowjetischen Forschungsvorhaben nicht genügend Aufmerksamkeit geschenkt worden. Es ist extensiv und weitreichend und ist seit vielen Jahren im Gange. Jegliche Diskussionen über künftige westliche Strategien müssen dies voll berücksichtigen. Zu ignorieren oder abzutun, was in der Sowjetunion geschieht, wäre nicht nur kurzsichtig; es wäre gefährlich.

Angesichts der Dimensionen des Weltraums dürfte es kaum überraschen, daß es nahezu zahllose einfallsreiche Pläne für seine militärische Nutzung gibt. Das gleiche gilt für die Mißverständnisse und Verzerrungen dessen, was jetzt vorgeht und was möglicherweise in der Zukunft vorgeht. Die amerikanischen oder auch die sowjetischen Intentionen mit dem Etikett „Star Wars" zu versehen, heißt, die sehr realen Probleme und ihre potentiellen Lösungen zu verzerren.

Ebenso sehe ich in sowjetischen Aufrufen zur „Demilitarisierung des Weltraums" mehr Propaganda als Substanz. Weltraumaktivitäten von militärischer Relevanz sind nicht per Definition schlimm. Es ist weder machbar noch wünschenswert, sie alle verhindern zu wollen. Aktuelle sowjetische Rhetorik leistet einen nicht sehr ernsthaften Beitrag zu einer äußerst ernsthaften Debatte. Größere Präzision und tiefere gedankliche Durchdringung sind erforderlich. Zunächst einmal müssen wir zwischen derzeitigen militärischen Aktivitäten im Weltraum und solchen unterscheiden, die vielleicht zu einem fernen Zeitpunkt in der Zukunft Wirklichkeit werden. Und wir müssen stets die Schlüsselfrage im Auge behalten: Werden neue Entwicklungen die Abschreckung verstärken oder untergraben?

Zur Zeit wird der Weltraum auf beiden Seiten von einer begrenzten Anzahl militärischer Systeme genutzt.

Da wären zunächst einmal die Kommunikations- und Überwachungssatelliten, die die Wirksamkeit und Glaubwürdigkeit der westlichen Verteidigung erheblich stärken und damit zugleich ihre abschreckende Wirkung. Effizient und kostenwirksam leisten sie einen einzigartigen Beitrag zur Verteidigung der westlichen Welt.

Zweitens wären die wiederverwendbaren Startsysteme zu nennen. Diese Lastpferde des Raumzeitalters sind nicht minder wertvoll. Ebensowenig stellen sie ihrer Natur nach eine echte Aggressionsdrohung dar; für diesen Zweck ist die Weltraumfähre eine zu begrenzte, zu kostspielige und zu verwundbare Plattform.

Drittens wäre da die potentielle Nutzung des Weltraums für die Beförderung atomarer Sprengköpfe mit ballistischen Flugkörpern. Wir müssen uns bemühen, dafür zu sorgen, daß dies auf immer ein unrealisiertes Potential bleibt.

Und schließlich sind wir mit dem Problem von Satellitenbekämpfungssystemen konfrontiert, das verstärkt wird durch die sowjetische Dislozierung eines begrenzten Potentials auf diesem Gebiet im Laufe der letzten zehn Jahre. Es wäre ein schwerwiegender Fehler, wenn der Westen es zuließe, daß die Russen ihr derzeitiges Monopol auch weiterhin behalten. Die amerikanische Intention, das etablierte sowjetische Potential auf diesem Gebiet auszubalancieren, ist logisch und vernünftig.

Andererseits müssen wir die weitgehende westliche Abhängigkeit von der gegenwärtigen Nutzung der Raumtechnik und insbesondere von Satelliten für nachrichtendienstliche Zwecke anerkennen. Wir müssen ebenfalls anerkennen, daß in Krisenzeiten für jede Seite die Aussicht, mit dem Verlust ihrer strategischen Augen und Ohren konfrontiert zu werden, eine außerordentlich destabilisierende Wirkung hätte. Dies könnte eine neue und noch bedrohlichere Phase bei jeglicher Ost-West-Konfrontation provozieren.

Der Westen muß daher danach streben, seine Satelliten weniger verwundbar zu machen. Es mag jedoch gute Gründe dafür geben, gewisse Beschränkungen für Elemente der Satellitenbekämpfung auszuhandeln. Ich begrüße die von Präsident Reagan im vergangenen September vor den Vereinten Nationen bekundete Bereitschaft, beiderseits Zurückhaltung zu wahren, solange bei den jetzt wiederaufgenommenen Verhandlungen Möglichkeiten für konkrete Vereinbarungen sondiert werden.

Ein weiterer Faktor muß ebenfalls anerkannt werden: die Beziehung zwischen der Entwicklung von Satellitenbekämpfungspotentialen und der möglichen Entwicklung von Verteidigungssystemen gegen ballistische Flugkörper. Man könnte argumentieren, daß durch Auferlegung von Beschränkungen auf dem Gebiet Satellitenbekämpfung der Entwicklung von Verteidigungssystemen gegen ballistische Flugkörper bereits vorgebeugt würde, ehe sie überhaupt ernsthaft erwogen werden könnte. Das hieße jedoch, die wichtigen Unterschiede in den vorhandenen Zeitplänen zu ignorieren.

Im Falle der Satellitenbekämpfungssysteme ist die Zukunft bereits Gegenwart. Die Sowjetunion hat bereits ein derartiges System in geringer Höhe disloziert, und die Vereinigten Staaten stehen mitten in einem erfolgreichen Erprobungsprogramm. Im Gegensatz dazu befindet sich jegliche über das Forschungsstadium hinausgehende Entwicklung von Verteidigungssystemen gegen ballistische Flugkörper — die unmittelbarste nukleare Bedrohung — in den Worten der Premierministerin noch „in weiter, weiter Ferne".

Die Regierung steht auf dem Standpunkt, daß für den Fall, daß Verhandlungen zur Auferlegung gegenseitiger Beschränkungen für Satellitenabwehrsysteme führten, dies für eine Reihe von Jahren günstige Auswirkungen haben könnte. Wir sollten diese Chance jetzt wahrnehmen, wenn dies im Interesse des Westens liegt. Jegliche derartige Satellitenbekämpfungs-Vereinbarung könnte, falls erforderlich, auf eine bestimmte zeitliche Dauer begrenzt werden, um die Zukunft nicht zu präjudizieren.

Vor dem Hintergrund der aktuellen Weltraumaktivitäten möchte ich nun zu dem längerfristigen Problem aktiver Verteidigungssysteme gegen ballistische Flugkörper kommen, und insbesondere solcher Verteidigungssysteme, die im Weltraum disloziert werden könnten. Mit aktiven Verteidigungssystemen meine ich solche, die spezifisch dafür ausgelegt sind, feindliche Flugkörper in ihrer Bahn abzufangen, und nicht als Abschreckungssysteme, die sich auf die Androhung eines Vergeltungsschlags stützen.

Über Präsident Reagans Initiative zur Strategischen Verteidigung ist viel geredet und geschrieben worden. Zunächst einmal ist festzustellen, daß es sich hier — wie Sprecher der amerikanischen Regierung mehrfach klargemacht haben — um ein Forschungsprogramm handelt, das in vollem Einklang mit dem SALT-I-Vertrag über die Begrenzung der Systeme zur Abwehr ballistischer Flugkörper steht. Als Forschungsprogramm enthält es außerdem viele Fragen. Die Antworten mögen klar oder unklar sein, und vielleicht gibt es gar keine. Wie die amerikanische Regierung selber zugibt, gilt es einem Konzept, das sich am Ende als nicht konkretisierbar erweisen könnte.

Zweitens ist festzustellen, daß die vertraglichen Verpflichtungen die Fortführung von Forschungsarbeiten für Defensivsysteme ausdrücklich zulassen. Offensichtlich hat es keinen Sinn zu versuchen, Beschränkungen aufzuerlegen, die nicht verifizierbar sind. Die meisten Aktivitäten in Laboratorien und Forschungsinstituten fallen unter diese Kategorie. Im SALT-I-Vertrag wurde diesem Umstand Rechnung getragen, indem eine Unterscheidung zwischen Forschung und Entwicklung einerseits, Erprobung und Dislozierung andererseits getroffen wurde.

Der dritte und nicht minder wichtige Punkt schließlich ist, daß zwischen der amerikanischen und der sowjetischen Schlagkraft stets ein Gleichgewicht aufrechterhalten werden muß, bei der Forschung ebenso wie bei anderen Aspekten. Angesichts dessen, was wir über die sowjetischen Aktivitäten der letzten Jahre auf dem Forschungssektor wissen, besteht für die Vereinigten Staaten eine klare Notwendigkeit, sich dem derzeitigen Stadium in den sowjetischen Programmen anzupassen. Aus diesem Grund hat die Premierministerin wiederholt unsere feste Überzeugung zum Ausdruck gebracht, daß die amerikanischen Forschungsarbeiten vorangetrieben werden sollten.

Doch was sollte geschehen, wenn und falls Entscheidungen über den Übergang vom Forschungs- ins Entwicklungsstadium erforderlich werden?

Bei der Beurteilung von Forschungsergebnissen und der Fällung derartiger Entscheidungen werden wir uns einige sehr grundlegende Fragen über den künftigen Charakter der westlichen Strategie vorlegen müssen. Insbesondere werden wir überlegen müssen, wie wir die Abschreckung am besten verstärken können und wie wir ein neues Wettrüsten am besten verhindern, statt stimulieren können. In diesem Stadium werden die vorzunehmenden Beurteilungen nur teilweise von technischen Einschätzungen über die Realisierbarkeit von Abwehrsystemen abhängen. Selbst wenn die Forschungsergebnisse vielversprechend sind, wird das Argument für eine Weiterverfolgung sorgfältig gegenüber den umfassenderen strategischen Konsequenzen abgewogen werden müssen.

Doch können wir uns es selbst jetzt leisten, einfach darauf zu warten, daß die Wissenschaftler und Militärexperten zu irgendeinem späteren Zeitpunkt ihre Ergebnisse abliefern? Haben wir eine Atempause von fünf, zehn oder auch fünfzehn Jahren, ehe wir uns mit strategischen Bedenken befassen? Ich glaube nicht. Die Geschichte der Waffenentwicklung und des strategischen Gleichgewichts zeigt nur allzu deutlich, daß Forschungsarbeiten über neue Waffensysteme und das Studium ihrer strategischen Implikationen Hand in Hand gehen müssen. Anderenfalls kann die Forschung eine nicht mehr aufzuhaltende Eigendynamik erlangen, selbst wenn sich im Lauf der Jahre die Gründe für einen Abbruch des Unternehmens verstärken sollten. Vorbeugen dürfte besser sein als spätere Versuche einer Heilung. Wir müssen dafür sorgen, daß weder die technische Entwicklung, noch voreilige Versuche, den Verlauf dieser technischen Entwicklung vorherzusagen, politische Entscheidungen ausschließen. Die Fragen, denen wir uns stellen müssen, sind komplex und schwierig.

Eine radikale Änderung der derzeitigen Grundlagen der westlichen Sicherheit würde zwangsläufig Risiken in sich bergen. Inwieweit würden diese Risiken durch die Anreize aufgewogen, eine defensivere Haltung einzunehmen, d. h. etwas zu entwickeln, das sich als eine nur begrenzte Verteidigung gegenüber Waffensystemen von verheerender Zerstörungskraft erweisen könnte? Könnte der Prozeß, die Richtung zu einer Akzentverstärkung auf aktiveren Verteidigungssystemen einzuschlagen, ohne Erzeugung einer gefährlichen Unsicherheit absolviert werden?

Nehmen wir einmal an, daß sich begrenzte Verteidigungssysteme als möglich zu erweisen begännen und daß Schlüsseleinrichtungen durch aktive Verteidigungssysteme geschützt würden. In seiner Rede von 1983 räumte Präsident Reagan selbst ein, daß eine Mischung von offensiven und defensiven Systemen als „Begünstigung einer aggressiven Politik ausgelegt werden könnten". Von der Unsicherheit einmal ganz abgesehen, würde die Etablierung begrenzter Verteidigungssysteme die Bedrohung für die Zivilbevölkerung durch Anreiz zur Rückkehr zu den Zielpolitiken der fünfziger Jahre verstärken?

Und die grundlegendste Frage von allen, würde die geplante Technik überhaupt funktionieren? Und würde sie, wie Paul Nitze es formulierte, Verteidigungssysteme bieten, die nicht nur funktionierten, sondern auch langlebig und kostenwirksam wären? Dies sind die entscheidenden Fragen, die von den auf beiden Seiten unternommenen Forschungsanstrengungen beantwortet werden müssen.

Es wäre falsch, das enorme technologische Fachwissen und Potential der Vereinigten Staaten zu unterschätzen. Doch wie wir alle wissen, läge kein Vorteil darin, eine neue Maginot-Linie des Einundzwanzigsten Jahrhunderts zu schaffen, die Gefahr läuft, mit relativ einfacheren und nachweislich billigeren Gegenmaßnahmen überwunden zu werden. Wenn die Technologie funktioniert, welche psychologischen Auswirkungen wird sie auf die andere Seite haben? Präsident Reagan hat wiederholt klargestellt, daß er keine Überlegenheit anstrebt. Doch müßten wir dafür sorgen, daß die andere Seite dies nicht anders empfände.

Wie stehen die Chancen, daß es im endlosen Marathon des Wettrüstens keinen klaren Sieger gäbe? Und wenn die ballistischen Flugkörper tatsächlich Anzeichen dafür aufwiesen, in Präsident Reagans Worten „unwirksam und überflüssig" zu werden, wie würde der Schutz ausgedehnt werden, daß er auch gegen die nichtballistische nukleare Bedrohung wirksam ist, gegen die Bedrohung durch Flugzeuge oder Marschflugkörper, atomare Gefechtsfeldwaffen oder in letzter Konsequenz durch verborgene Aktionen? Welche anderen Verteidigungssysteme zusätzlich zu den im Weltraum stationierten müßten entwickelt werden − und zu welchen Kosten −, um diesen fortbestehenden Bedrohungen zu begegnen?

Wenn es sich anfänglich als machbar erwiese, nur begrenzte Verteidigungssysteme zu bauen, so würden diese zwangsläufig für die Gegenmaßnahmen verwundbarer sein als umfassendere Systeme. Würden diese Deichbrüche eine nukleare Flut erzeugen und sogar fördern? Ganz abgesehen von der Bedrohung für zivile Bevölkerungen, würden aktive Verteidigungssysteme den einzig gangbaren Weg für den Schutz militärischer Schlüsseleinrichtungen bieten? Wären wir eventuell besser beraten, andere Schutzmethoden anzuwenden, wie etwa mobile oder Untersee-Systeme?

Könnten wir schließlich auf der technologischen Seite sicher sein, daß die neuen Systeme eine adäquate politische Kontrolle sowohl über nukleare Waffen als auch über Verteidigungssysteme zuließen, oder könnten wir uns in einer Situation wiederfinden, in der der Weltfrieden ausschließlich von Computern und automatischer Entscheidungsfindung abhinge?

Hinzu kommt die Frage der Kosten. Die finanzielle Bürde der Entwicklung und Dislozierung von Verteidigungssystemen geht über die zusätzlichen Kosten, Verteidigungsmöglichkeiten gegen die nukleare Bedrohung durch andere als ballistische Systeme zu bieten, weit hinaus. Niemand kann gegenwärtig auch nur mit einer annähernden Schätzung der insgesamt aufzuwendenden Beträge aufwarten. Man darf jedoch wohl mit Recht davon ausgehen, daß sie sich auf viele hundert Milliarden Dollar belaufen werden.

Wir wissen nur allzu gut, daß unsere Verteidigungssysteme sich nach der vorhandenen finanziellen Decke zu strecken haben. Wir werden uns nicht nur fragen müssen, ob sich der Westen aktive Verteidigungssysteme gegen Atomraketen leisten kann; wir werden uns auch fragen müssen, ob die immensen Beträge, die für solche Systeme aufgewendet werden sollen, nicht sinnvoller ausgegeben werden könnten.

Gibt es kostenwirksamere und preisgünstigere Möglichkeiten, die Abschreckung glaubwürdiger zu machen? Könnte es besser sein, die verfügbaren Mittel für eine Verbesserung unserer Schlagkraft zur Abwehr eines potentiellen Aggressors in Krisenzeiten durch eine glaubwürdige, haltbare und kontrollierbare Kombination konventioneller und nuklearer Streitkräfte einzusetzen? Kurz, wie weitgehend werden wir in der Lage sein, bereits stark angespannten Verteidigungsetats neue Lasten aufzubürden? Und welches wären die Auswirkungen auf alle anderen Elemente unserer Verteidigung, von denen die Sicherheit des Westens auch weiterhin zu einem großen Teil abhängig sein wird?

Auch die Implikationen für die Rüstungskontrolle sind sorgfältig zu erwägen. Würde die Aussicht auf die Dislozierung neuer Verteidigungssysteme unerbittlich die Aufstockung offensiver Kernwaffensysteme ankurbeln, mit denen sie ausgeschaltet werden sollen? Die Geschichte und der aktuelle Stand der Technik legen nahe, daß dieses Risiko nicht ignoriert werden darf. Oder könnte die Aussicht − die Vision wirksamer Verteidigungssysteme über dem Horizont − beiden Seiten neue Anreize bieten, unmittelbar mit der Reduzierung ihrer derzeitigen Waffenarsenale zu beginnen? Dies erklärt die Bedeutung des im vergangenen Dezember in Camp David vereinbarten zweiten Punktes.

In seiner Rede vor dem Kongreß im Februar sprach Präsident Reagan von der Notwendigkeit, das Abbröckeln von SALT I rückgängig zu machen. Der Vertrag stellt einen politischen und militärischen Stützpfeiler in dem noch immer wackligen Sicherheitsbogen dar, den wir in den vergangenen anderthalb Jahrzehnten mit dem Osten gespannt haben. Doch über reine Forschung hinaus mit der Entwicklung von Defensivsystemen zu beginnen, würde den Bedingungen des ABM-Vertrags widersprechen. Im vergangenen Dezember wurde in Camp David vereinbart, daß jegliche über diese Begrenzungen hinausgehenden Dislozierungen Gegenstand von Verhandlungen sein müßten. Wir müßten mit Sicherheit davon ausgehen können, daß dieses gewaltige Vorhaben auf einer beiderseits akzeptablen Basis in Angriff genommen werden könnte.

Wir haben in jüngster Zeit aus Moskau eine Flut an dogmatischen Erklärungen und Vorbedingungen für den Erfolg der neuen Gespräche zu hören bekommen. Einen großen Teil davon nehme ich nicht ernst. Ich halte es jedoch für sehr wichtig, die sowjetische Führung davon zu überzeugen, daß es uns im Westen tatsächlich ernst ist mit unserem Ziel, strategische Stabilität auf einem erheblich reduzierten Kernwaffenniveau aufrechtzuerhalten. Wir wollen ihnen nicht den Eindruck vermitteln, daß wir etwas anderes vorhaben. Wir meinen es mit der Rüstungskontrolle ernst. Und das müssen wir sichtbar und hörbar kundtun.

Als Mitglieder des Atlantischen Bündnisses schließlich müssen wir die potentiellen Konsequenzen für diese einzigartige Beziehung bedenken. Wir müssen sicher sein, daß die amerikanische nukleare Garantie für Europa im Gefolge der Dislozierung neuer Verteidigungssysteme verstärkt würde, und zwar nicht nur bei Abschluß des Prozesses, sondern von Anfang an.

Der ganze Prozeß kann viele Jahre dauern. Langjährige Unsicherheit und Instabilität kann jedoch nicht unser Ziel sein. Alle Verbündeten müssen jederzeit weiterhin das Empfinden haben, daß die Sicherheit des NATO-Territoriums unteilbar ist. Anderenfalls könnten die beiden Säulen des Bündnisses brüchig zu werden beginnen.

Wir begrüßen jegliche kostenwirksame Verstärkung der Abschreckung, um greifbare Schwächen auf der westlichen Seite zu beheben. Wir müssen jedoch auch in Erwägung ziehen, welche kompensierenden Entwicklungen auf sowjetischer Seite folgen könnten, wenn es zu einem uneingeschränkten Wettbewerb auf dem Sektor Raketenabwehr über die im ABM-Vertrag vereinbarten Begrenzungen hinaus käme. Würden wir hinsichtlich der von der NATO vertretenen Politik der Vorneverteidigung und des flexiblen Gegenschlags auf der einen Seite verlieren, was wir auf der anderen gewinnen?

Ich habe eine ziemlich lange Liste von Fragen gestellt, auf die es keine einfachen Antworten geben kann. Einige können zum gegenwärtigen Zeitpunkt noch gar nicht beantwortet werden. Das entbindet uns jedoch nicht von der Pflicht, sie zu stellen. Es sind Fragen von so vitaler Bedeutung für unsere Zukunft, daß wir es uns nicht leisten können, sie mit einem Schulterzucken abzutun. Es ist vollkommen richtig, über sie nachzudenken und zu debattieren, während die Forschungsarbeiten voranschreiten. Auf diese Weise haben wir die besten Aussichten, zur richtigen Politik zu gelangen. Die Reize, eine defensivere Strategie zur Vermeidung von Krieg anzustreben, sind ebenso offenkundig wie die Gefahren. Es wäre falsch, die Möglichkeit mit der Begründung auszuschließen, daß die von ihr aufgeworfenen Fragen zu schwierig sind. Ich möchte jedoch betonen, daß es Fragen sind und nicht a priori fertige Urteile. Die Antworten werden sich nur im Lauf der Zeit ergeben.

Die Tatsache jedoch, daß es keine einfachen Antworten gibt, daß die Risiken größer sind als die Vorteile, daß die Wissenschaft möglicherweise nicht in der Lage ist, eine sicherere Lösung für das nukleare Dilemma der vergangenen vierzig Jahre zu bieten als wir bereits gefunden haben – all diese Punkte unterstreichen, wie wichtig es ist, mit äußerster Behutsamkeit vorzugehen. Die Aussagen von Außenminister Shultz und dem Abrüstungsexperten Paul Nitze vor dem amerikanischen Kongreß sowie der andauernde Konsultationsprozeß im Bündnis bestätigen das von Premierministerin Thatcher im vergangenen Dezember abgegebene Statement, daß die amerikanische Regierung den Komplex weitestgehend im selben Licht sieht.

Das Prinzip der Abschreckung hat funktioniert; und es wird weiterhin funktionieren. Es kann vielleicht durch aktive Verteidigungssysteme erweitert werden. Oder ihre Entwicklung kann uns in eine Richtung führen, die die Sicherheit verringert. Auf diese Frage wissen wir keine Antwort. Unterdessen ergeben sich vier eindeutige Punkte.

Erstens, wie die Premierministerin den amerikanischen Kongreß im letzten Monat mit den Worten von Sir Winston Churchill erinnerte: „Achten Sie vor allem anderen darauf, die Atomwaffe erst dann einzusetzen, wenn Sie sicher, und zwar ganz sicher sind, daß Sie keine anderen Mittel und Wege zur Wahrung des Friedens in Händen haben."

Zweitens, Eindrücke können sowohl mit Worten als auch mit Taten erzielt werden. Politiken, Ziele, Visionen — alles dies kann und muß klar dargelegt werden. Ohne Zustimmung einer informierten Öffentlichkeit verschwenden die westlichen Regierungen ihren Atem. Doch wir müssen besonders auf der Hut davor sein, falsche Hoffnungen zu wecken, die wir unmöglich erfüllen können. Wir würden die nukleare Abschreckung gerne als unangenehmes, doch vorübergehendes Hilfsmittel sehen. Leider müssen wir uns der harten Realität einer Welt stellen, in der Atomwaffen existieren und nicht mehr rückgängig gemacht werden können. Worte und Träume allein können nicht rechtfertigen, was die Premierministerin vor den Vereinten Nationen als die „gefährliche Vortäuschung" bezeichnete, daß ein besseres System als die nukleare Abschreckung gegenwärtig in Reichweite ist.

Drittens, über Dislozierung von weltraumgestützten oder anderen Verteidigungssystemen muß verhandelt werden können. Darin stimmte die Premierministerin mit Präsident Reagan in Camp David überein, und sie bekräftigten dies noch einmal in Washington. Mit den Worten des Statements des Weißen Hauses vom 3. Januar sollte die „Dislozierung von defensiven Systemen am besten im Rahmen einer kooperativen, gerechten und nachprüfbaren Rüstungskontrolle erfolgen. Eine einseitige sowjetische Dislozierung solcher Systeme . . . würde die Grundlage zerstören, auf der das Abschreckungsprinzip seit zwanzig Jahren beruht." Ich begrüße die klaren Statements der amerikanischen Regierung sehr bezüglich ihrer Ansicht, daß Dislozierung ein kooperatives Bestreben sein müßte, unternommen im Rahmen einer Rüstungskontrolle.

Es gibt einen vierten Punkt: die Verbindung zwischen offensiven und defensiven Systemen. Das Statement des Weißen Hauses vom 3. Januar erkannte den Wert der Kontrolle sowohl offensiver als auch defensiver Entwicklungen und Dislozierungen auf beiden Seiten an. Wenn defensive Systeme disloziert werden sollen, werden sie gegen die dann vorhandenen offensiven Waffenarsenale gerichtet. Wenn letztere drastisch abgebaut werden können, dann gewinnt das Argument für aktive Verteidigungssysteme an Gewicht. Im umgekehrten Fall könnten radikale Kürzungen bei offensiven Flugkörpern die Notwendigkeit von aktiven Verteidigungssystemen überflüssig machen. In gleicher Weise wird die Effektivität der Systeme von der Anzahl der Flugkörper und Gefechtsköpfe bestimmt, die sie zerstören sollen. Wenn diese Anzahl drastisch steigt, dann reicht die Wirksamkeit der Systeme nicht aus.

Es ist daher eindeutig, daß zwischen den Maßnahmen zur Kontrolle offensiver Waffensysteme und den Entscheidungen in Richtung auf die Entwicklung aktiver Verteidigungssysteme eine integrale Verbindung besteht und auch weiterhin bestehen wird. Die US-Regierung hat eine solche Verbindung schon immer gesehen. Etwas verspätet scheinen die Russen jetzt zu dem gleichen Schluß gekommen zu sein. Im Laufe der neuen Verhandlungen, die diese Woche wiederaufgenommen werden, wird eine Schlüsselfrage für unser aller Zukunft das Ausmaß sein, in dem sich der Abbau offensiver Waffensysteme als möglich erweist, und die Auswirkungen, die dieses auf den Anreiz zur Entwicklung von aktiven Verteidigungssystemen haben wird.

Wir begrüßen die Wiederaufnahme der amerikanisch-sowjetischen Gespräche sehr. Das Gemeinsame Kommuniqué, auf das sie sich als Basis für die Gespräche geeinigt haben, bezeichnet als ihr Ziel die Verhinderung des Wettrüstens im Weltraum und dessen Beendigung auf der Erde. Wir begrüßen und unterstützen dieses Ziel. Es herrscht jedoch kein Zweifel, daß der Fortschritt mühsam und langsam sein wird. Wir können keine plötzlichen Durchbrüche erwarten. Mit den Worten von Tolstois General Kutusow werden Geduld und Zeit unsere Losung sein müssen. Es gibt keinen schnellen oder leichten Weg zum Erfolg.

Fortschritte werden um so mühsamer sein, wenn es uns nicht gelingt, eine neue Vertrauensbasis zwischen Ost und West aufzubauen. Dieser politische Prozeß bildet den Rahmen, in dem Rüstungskontrollverhandlungen stattfinden können. Wenn die politischen Beziehungen schlecht sind und das gegenseitige Vertrauen gering ist, sind die Möglichkeiten zur Erzielung von Fortschritten in der Rüstungskontrolle eingeengt. Alle Rüstungskontrollabkommen basieren auf einer Mischung technischer und politischer Entscheidungen. Erweiterte Kontakte und tieferes Verständnis für die wahren Besorgnisse beider Seiten sind ein wesentlicher Baustein in diesem Prozeß.

Gorbatschows kürzlicher Besuch in London, die Gespräche der Premierministerin mit ihm in Moskau zu Beginn der Woche, meine Treffen mit Gromyko 1984 und – ich hoffe – im weiteren Verlauf dieses Jahres stellen einen Teil unseres eigenen Beitrags dar. Wir beabsichtigen, diesen fortzusetzen. Bei unseren Treffen haben wir offen über die sowjetischen Politiken gesprochen, die uns Sorgen bereiten. Doch haben wir auch unser Verständnis für die sowjetischen Sicherheitsinteressen und Besorgnisse deutlich gemacht. Wir wissen, daß die Russen aus historischer Erfahrung dazu neigen, übervorsichtig zu sein. Doch völligen Schutz gibt es für kein Land. Das beste, was wir erhoffen können, ist ein militärisches Gleichgewicht, begleitet von beiderseitigem Vertrauen in die Absichten des anderen. Zusammen sollten sie größere Stabilität schaffen und somit Sicherheit. Wir sind bereit, stetige und aufrichtige Anstrengungen in beiderlei Hinsicht zu unternehmen. Ich bin zuversichtlich, daß die sowjetische Führung bereit ist, das gleiche zu tun.

Gleichzeitig dürfen unsere Anstrengungen die Erhaltung des Zusammenhalts im Bündnis nicht mindern. Die Debatte über die Dislozierung von Marschflugkörpern in Europa bewies wenigstens eines. Die Einheit des Bündnisses kann nicht nur unsere Sicherheit stärken. Sie kann ein neuer Anreiz für unsere Gegner sein, uns am Verhandlungstisch zu treffen. Genf hat gezeigt, daß die Russen bemerkt haben, wann die selbst auferlegte Politik der Isolation ins eigene Auge ging.

Doch der Zusammenhalt des Bündnisses muß erhalten werden. Wir werden den Prozeß enger Konsultationen weiterführen müssen, wie wir es innerhalb der NATO und in bilateralen Treffen mit unseren Verbündeten gewohnt sind – die kürzlichen Gespräche der Premierministerin sind ein herausragendes Beispiel dafür. Ich weiß, welch große Bedeutung unsere amerikanischen Freunde diesem Prozeß beimessen. Er wird um so wichtiger sein angesichts der konzertierten Aktion, die wir in den kommenden Monaten von Moskau zu erwarten haben.

Die sowjetische Führung behauptet, daß sie es mit der Rüstungskontrolle ernst meint. Die ganze Welt muß hoffen, daß das stimmt. Doch über einen Punkt können wir sicher sein. Wenn sie zuversichtlich ist, ihre Ziele ohne die in Verhandlungen erforderlichen Zugeständnisse zu erreichen, wird sie nicht zögern, alle ihr zweifellos zur Verfügung stehende Propagandamittel einzusetzen. Je mehr sie versucht ist, ihre Ziele außerhalb des Verhandlungsraumes zu verfolgen, desto weniger ernst wird sie am Verhandlungstisch sein. Und wenn sie dabei das Bündnis spalten kann, selbst wenn das bedeutet, auf eine Vereinbarung zu verzichten, könnte sie versucht sein, dieses als den größeren Gewinn zu werten. Sie hat es bei den INF-Verhandlungen versucht, und es ist ihr nicht gelungen. Wir können sicher sein, daß sie es wieder versuchen wird. Vereint, wie schon so oft in der Vergangenheit, muß der Westen zusammenstehen. Wir können es uns nicht leisten, gespalten zu werden.

Die westlichen Demokratien stehen einer neuen Herausforderung gegenüber, und einer historischen Chance. Der Gewinn ist ein stabiler Frieden in dieser unruhigen Welt. Die Rüstungskontrollverhandlungen sind in Genf wiederaufgenommen worden. Wir haben jetzt eine neue Chance zu zeigen, daß die Rüstungskontrolle die Stabilität erhöhen und unsere Sicherheit stärken kann. Wir müssen diese Aufgabe mit der nötigen Behutsamkeit angehen und die Abschreckung vor Aggressionen als die beste Verteidigung gegen potentielle Angriffe als unser grundlegendes Ziel beibehalten. Doch müssen wir sie auch mit echter Energie und Entschlossenheit angehen. Diese Chance dürfen wir uns auf keinen Fall entgehen lassen.

Q u e l l e : *Britische Dokumentation* (Britische Botschaft in Bonn), Nr. D 4, 20. 3. 1985.

# Gemeinsame Abrüstungserklärung von Staats- und Regierungschefs aus sechs Ländern

Am 28. Januar 1985 veröffentlichten die in New Delhi zu einer eintägigen Konferenz zusammengekommenen Staats- und Regierungschefs von Argentinien, Griechenland, Indien, Mexiko, Schweden und Tansania eine gemeinsame Erklärung zur Abrüstung (s. unten). Diese Erklärung greift Forderungen auf, die alljährlich Gegenstand von Resolutionen der Generalversammlung der Vereinten Nationen zu Abrüstungsfragen sind (vgl. zuletzt EA 11/1984, S. D 295 ff. sowie EA 2/1985, S. Z 17), und schließt an die gemeinsame Abrüstungserklärung der Staats- und Regierungschefs von Griechenland, Indien, Mexiko, Schweden und Tansania vom 22. Mai 1984 an (vgl. EA 14/1984, S. D 421 f.). Im Mittelpunkt der „Erklärung von New Delhi" steht die Aufforderung an die fünf Kernwaffenstaaten „zu einem umfassenden Stopp der Erprobung, der Produktion und des Einsatzes von Atomwaffen und deren Trägersystemen" (S. D 230).

Der indische Premierminister, Rajiv *Gandhi,* gab auf einer Pressekonferenz bekannt, daß die Erklärung den Botschaftern der fünf Atommächte übergeben worden sei; ihr Text solle außerdem den Regierungen aller Staaten der Erde übermittelt werden. Die sechs Staats- und Regierungschefs planten überdies eine gemeinsame Reise in die Hauptstädte der fünf Atommächte, um dort ihr Anliegen zu vertreten.

In einer Pressemitteilung nahm der Staatsminister im Auswärtigen Amt der Bundesrepublik Deutschland, Alois *Mertes,* am 30. Januar zu der Erklärung Stellung (S. D 231). Die Bundesregierung teile den Wunsch der sechs Staats- und Regierungschefs, die Kernwaffen drastisch zu vermindern und auf ihre vollständige Beseitigung hinzuarbeiten. Leider seien in der Deklaration die Gefahren „konventioneller" Waffen unerwähnt geblieben. *Mertes* bedauerte darüber hinaus, daß in der Deklaration jeder Hinweis auf die Notwendigkeit der Nichtverbreitung der Kernwaffen fehle. Zwei Unterzeichner der Deklaration, nämlich Argentinien und Indien, verweigerten immer noch ihren Beitritt zum Vertrag über die Nichtverbreitung von Kernwaffen und behielten sich demgemäß vor, selbst Atommächte zu werden.

Am 31. Januar erklärte der Institutsdirektor der sowjetischen Akademie der Wissenschaften, Georgij *Arbatow,* in Athen, in der Deklaration von New Delhi gebe es keinen Punkt, dem die Sowjetunion nicht zustimmen könne.

Ein Sprecher des chinesischen Außenministeriums hatte die Erklärung bereits am 30. Januar begrüßt.

Stellungnahmen der Vereinigten Staaten von Amerika, Großbritanniens und Frankreichs sind nicht bekannt geworden.

*Martin Mantzke*

**Gemeinsame Erklärung des indischen Premierministers, Rajiv Gandhi, des argentinischen Staatspräsidenten, Raul Alfonsín, des griechischen Ministerpräsidenten, Andreas Papandreou, des Präsidenten von Mexiko, Miguel de la Madrid Hurtado, des schwedischen Ministerpräsidenten, Olof Palme, und des Präsidenten von Tansania, Julius Nyerere, zur Abrüstung in New Delhi am 28. Januar 1985**

*Betrifft:* Kriegsgefahr — Militarisierung des Weltraums — Wettrüsten — Verbot aller Atomwaffen — Entspannung und Zusammenarbeit — öffentliche Diskussion.

Vor vierzig Jahren, als Atombomben über Hiroshima und Nagasaki explodierten, wurde es der Menschheit klar, daß sie imstande war, sich selbst zu zerstören, und seitdem wohnt das Grauen unter uns. Ebenfalls vor vierzig Jahren kamen die Nationen der Welt zusammen, um eine internationale Gemeinschaft ins Leben zu rufen, und mit den Vereinten Nationen wurde neue Hoffnung für alle Menschen geboren.

Im Laufe der letzten vier Jahrzehnte haben alle Nationen und alle Menschen fast unmerklich die letztliche Kontrolle über ihr eigenes Leben und ihren Tod verloren. Eine kleine Gruppe von Menschen und Maschinen in weit entfernten Städten kann über unser aller Schicksal entscheiden.

Jeder Tag, den wir überleben, ist eine Gnadenfrist, so als sei die ganze Menschheit ein Gefangener in der Todeszelle, der auf den ungewissen Zeitpunkt der Hinrichtung wartet. Und wie jeder unschuldig Angeklagte weigern wir uns zu glauben, daß die Hinrichtung jemals stattfinden wird.

Wir befinden uns in dieser Lage, weil die Kernwaffenmächte traditionelle Kriegsdoktrinen in einer Welt anwenden, in der diese Doktrinen angesichts neuer Waffen überholt sind. Worin liegt der Sinn der nuklearen „Überlegenheit" oder des nuklearen „Gleichgewichts", wenn jede Seite bereits genügend Waffen besitzt, um die Erde dutzendemal zu vernichten? Wenn die alten Doktrinen künftig angewendet werden, dann wird der Holocaust früher oder später unabwendbar sein. Aber der nukleare Krieg kann verhindert werden, wenn wir unsere Stimmen in einer universalen Forderung zur Verteidigung unseres Rechts auf Leben vereinigen.

Die jüngsten atmosphärischen und biologischen Untersuchungen haben zu neuen Erkenntnissen geführt, die darauf hindeuten, daß ein Atomkrieg, selbst wenn sein Umfang begrenzt wäre, neben der Explosion, Hitze und Strahlung einen arktischen nuklearen Winter auslösen würde, der die Erde in einen verfinsterten, gefrorenen Planeten umwandeln könnte und eine beispiellose Gefahr für alle Nationen darstellen würde, selbst für diejenigen, die von den nuklearen Explosionen weit entfernt wären. Wir sind überzeugt, daß es daher umso dringender erforderlich ist, vorbeugende Maßnahmen zu ergreifen, um die Anwendung nuklearer Waffen und das Ereignis eines Atomkrieges für immer auszuschließen.

In unserer gemeinsamen Erklärung vom 22. Mai 1984 riefen wir die Kernwaffenstaaten auf, ihrem Wettrüsten Einhalt zu gebieten, und wir sind ermutigt durch die weltweite Reaktion auf unseren Appell. Die internationale Unterstützung, die wir erhielten, und die Reaktionen der Nuklearmächte selbst waren so beschaffen, daß wir es für unsere Pflicht hielten, hier in New Delhi zusammenzukommen und über Wege zur Förderung unserer Bemühungen nachzudenken.

Die Kernwaffenstaaten sind besonders verantwortlich für den gefährlichen Stand des Wettrüstens. Wir fordern sie dringend auf, sich uns bei der Suche nach einer neuen Richtung anzuschließen. Wir begrüßen das am 8. Januar 1985 in Genf getroffene Übereinkommen zwischen der Sowjetunion und den Vereinigten Staaten, bilaterale Verhandlungen aufzunehmen über „einen Fragenkomplex betreffend den Weltraum und die nuklearen Waffen — sowohl strategische als auch Mittelstreckenwaffen — einschließlich aller Fragen, die in ihren gegenseitigen Beziehungen erwogen und gelöst werden". Wir messen den erklärten Zielen dieser Verhandlungen, ein Wettrüsten im Weltraum zu verhindern, das auf der Erde zu beenden und schließlich nukleare Waffen überall zu eliminieren, große Bedeutung bei. Wir erwarten von den beiden Hauptnuklearmächten, daß sie ihr Unternehmen und ihre Verhandlungen in gutem Glauben durchführen und bald zu sinnvollen Ergebnissen kommen werden. Wir werden ihre Arbeit genau verfolgen, und wir erwarten, daß sie die internationale Gemeinschaft über den Fortschritt auf dem laufenden halten werden. Wir betonen, daß die Themen und das Ergebnis dieser Verhandlungen eine Sache sind, die alle Nationen und alle Völker angeht.

Wir wiederholen unseren Aufruf zu einem umfassenden Stopp der Erprobung, der Produktion und des Einsatzes von Atomwaffen und deren Trägersystemen. Ein solcher Stopp würde die Verhandlungen erheblich erleichtern. Zwei spezifische Maßnahmen erfordern heute besondere Aufmerksamkeit: die Verhinderung eines Wettrüstens im Weltraum und ein umfassender Vertrag über das Verbot von Atomwaffentests.

Der Weltraum muß zum Wohl der ganzen Menschheit genutzt werden, nicht als Schlachtfeld der Zukunft. Darum fordern wir ein Verbot der Entwicklung, Erprobung, Produktion, Stationierung und des Gebrauchs aller Weltraumwaffen. Ein Wettrüsten im Weltraum würde ungeheuer kostspielig sein und schwerwiegende destabilisierende Folgen haben. Es würde überdies eine Anzahl von Waffenbeschränkungs- und Abrüstungsabkommen gefährden.

Wir fordern ferner die Kernwaffenstaaten auf, die Erprobung aller Arten von Atomwaffen sofort einzustellen und in naher Zukunft einen Vertrag über ein Verbot von Atomwaffentests zu schließen. Ein solcher Vertrag wäre ein bedeutender Schritt auf dem Weg zur Beendigung der fortgesetzten Modernisierung nuklearer Arsenale. Wir sind überzeugt, daß all diese Schritte soweit wie nötig von geeigneten und nichtdiskriminierenden Kontrollmaßnahmen begleitet werden können.

Eine Einstellung des nuklearen Wettrüstens ist zum gegenwärtigen Zeitpunkt dringend notwendig. Nur so kann sichergestellt werden, daß die nuklearen Waffenarsenale nicht anwachsen, während Verhandlungen im Gange sind. Aber dieser Stopp sollte kein Selbstzweck sein. Unmittelbar darauf müssen wesentliche Reduzierungen der nuklearen Streitkräfte folgen, die zur vollständigen Eliminierung nuklearer Waffen und zum Endziel einer allgemeinen und vollkommenen Abrüstung führen. Parallel zu diesem Prozeß ist es dringend erforderlich, wertvolle Mittel, die zur Zeit für militärische Ausgaben verschwendet werden, für die soziale und wirtschaftliche Entwicklung einzusetzen. Ein wesentlicher Teil dieser Bemühungen muß auch die Stärkung der Vereinten Nationen sein.

Es ist dringend notwendig, einen Ausweg aus der bestehenden Situation zu finden, in der Hunderte Milliarden Dollar jährlich oder eineinhalb Millionen Dollar pro Minute für Waffen verausgabt werden. Dies steht in krassem Gegensatz zu der Armut und in einigen Fällen dem Elend, in dem zwei Drittel der Weltbevölkerung leben.

Die Zukunft aller Völker steht auf dem Spiel. Als Vertreter von Staaten, die keine Atomwaffen besitzen, werden wir nicht aufhören, unsere berechtigte Besorgnis zum Ausdruck zu bringen und unsere Forderungen bekanntzumachen. Wir bekräftigen unsere Entschlossenheit, die Übereinstimmung zwischen den Kernwaffenstaaten zu fördern, damit die erforderlichen Schritte unternommen werden können. Wir werden versuchen, für die gemeinsame Sicherheit der Menschheit und für den Frieden mit ihnen zusammenzuarbeiten.

Wir fordern die Menschen, die Parlamente und die Regierungen in aller Welt auf, diesen Appell tatkräftig zu unterstützen. Fortschritt in der Abrüstung kann nur erreicht werden, wenn eine informierte Öffentlichkeit starken Druck auf die Regierungen ausübt. Nur dann werden die Regierungen den notwendigen politischen Willen aufbieten, die zahlreichen Hindernisse zu überwinden, die dem Frieden im Wege stehen. Die von den Vereinten Nationen eingeleitete Weltabrüstungskampagne stellt ein höchst wichtiges Element bei der Schaffung dieses politischen Willens dar.

Jahrhundertelang haben Männer und Frauen für ihre Rechte und Freiheiten gekämpft. Heute stehen wir vor dem größten aller Kämpfe — dem Kampf um das Recht auf Leben für uns selbst und für künftige Generationen.

Vor vierzig Jahren stand der Schrecken des Atomkrieges in Hiroshima der Hoffnung auf Frieden in San Francisco gegenüber. Wir wünschen, daß 1985 das Jahr sein wird, in dem die Hoffnung beginnt, den Sieg über den Schrecken davonzutragen. Wir wagen zu hoffen, daß am 24. Oktober 1985, dem vierzigsten Jahrestag der Vereinten Nationen, bereits die ersten konkreten Schritte unternommen sein werden, um die Bedrohung des Überlebens der Menschheit abzuwenden.

Q u e l l e : *Brennpunkt Indien* (Indische Botschaft in Bonn), Ausgabe 4/1985.

**Erklärung des Staatsministers im Auswärtigen Amt der Bundesrepublik Deutschland, Alois Mertes, zur gemeinsamen Erklärung der Staats- und Regierungschefs von Argentinien, Griechenland, Indien, Mexiko, Schweden und Tansania am 30. Januar 1985**

*Betrifft:* Drastische Verminderung der Kernwaffen — westliche Konzeption der Kriegsverhütung — Notwendigkeit der Nichtverbreitung von Kernwaffen — vorbeugende Rüstungskontrolle für den Weltraum — Einfrieren der Kernwaffen.

1. Die Bundesregierung teilt den Wunsch der sechs Staats- und Regierungschefs, die Kernwaffen drastisch zu vermindern und auf ihre vollständige Beseitigung hinzuarbeiten. Sie tritt ebenfalls ein für die Vermeidung einer unkontrollierten Rüstungsdynamik im Weltraum, den die USA und die Sowjetunion seit Jahren bereits in hohem Maße militärisch nutzen.

2. Daher sind wir uns mit diesen Staaten auch in der positiven Würdigung der Genfer Vereinbarung Shultz/Gromyko vom 8. Januar 1985 einig, mit der die Wiederaufnahme amerikanisch-sowjetischer Verhandlungen vereinbart wurde. Die in der amerikanisch-sowjetischen Erklärung festgelegten Verhandlungsziele entsprechen den Interessen aller Staaten.

3. Leider erwähnt die Deklaration nicht die Gefahren „konventioneller" Kriege und die Zerstörungskraft der modernen „konventionellen" Waffen. Die westliche Konzeption der Kriegsverhütung durch die Verbindung von glaubwürdiger Abschreckung, strategischem Gleichgewicht und ausgewogener Abrüstung wird ohne argumentative Auseinandersetzung pauschal zurückgewiesen. Bei der Würdigung der Genfer Vereinbarung wird das amerikanisch-sowjetische Verhandlungsziel „Festigung der strategischen Stabilität" außer Acht gelassen.

4. Leider fehlt in der Deklaration von New Delhi — wie schon in der Stockholmer Gemeinsamen Erklärung der gleichen Staats- und Regierungschefs — jeder Hinweis auf die Notwendigkeit der Nichtverbreitung der Kernwaffen. Eine Erhöhung der Zahl der Kernwaffenstaaten über die im Atomwaffensperrvertrag ermächtigten fünf Atommächte hinaus würde die internationale Stabilität gefährden. Leider verweigern zwei Teilnehmer der Deklaration von New Delhi, nämlich Indien und Argentinien, immer noch ihren Beitritt zum Vertrag über die Nichtverbreitung von Kernwaffen. Diese beiden Staaten behalten sich bisher demgemäß vor, selbst Atommächte zu werden.

5. Alle Anstrengungen müssen sich jetzt darauf richten, daß im Ergebnis der Genfer Verhandlungen konkrete Schritte ausgewogener und überprüfbarer Kernwaffenabrüstung und Maßnahmen vorbeugender Rüstungskontrolle für den Weltraum vereinbart werden. Auf diese Weise kann Stabilität auf einer möglichst niedrigen Ebene der Rüstungen geschaffen werden. Ein stabiles militärisches Gleichgewicht zwischen Ost und West ist nach Überzeugung aller bisherigen Bundesregierungen unerläßliche Voraussetzung für die Sicherung des Friedens.

6. Vorschläge für ein umfassendes Einfrieren der Kernwaffen werfen zahlreiche und schwierige Probleme auf. Starke zahlenmäßige Ungleichgewichte, wie sie in einzelnen Bereichen bestehen, würden festgeschrieben. Dies führt nur scheinbar zu größerer Stabilität; in Wirklichkeit würde der Anreiz zu ausgewogener Abrüstung sogar gemindert. Die bei Abrüstungsverhandlungen auftauchenden Kontrollprobleme stellen sich bei einer Festschreibung des jetzigen Rüstungsstandes sogar noch verstärkt.

Q u e l l e : Auswärtiges Amt, Bonn, Mitteilung für die Presse Nr. 1013/85, 30. 1. 1985.

# Zeittafel vom 16. bis zum 31. März 1985

## Bangladesch

*21. März:* In einem Referendum wird Präsident Hussain Mohammed *Ershad* mit 94,14 Prozent der Stimmen in seinem Amt bis zur Abhaltung von Neuwahlen bestätigt. Gebilligt werden gleichzeitig seine politischen Ziele und Programme.

## Belgien

*18.–19. März:* Im Parlament Debatte über die Verteidigungspolitik der Regierung. Ministerpräsident Wilfried *Martens* stellt die Vertrauensfrage. Billigung der Regierungspolitik (vgl. EA 7/1985, S. Z 53) mit 116 zu 93 Stimmen.

## Brasilien

*17. März:* Der amtierende Präsident, José *Sarney*, verliest eine Rede des gewählten Präsidenten, Tancredo *de Almeyda Neves*. Darin bekräftigt dieser die Verpflichtung auf Demokratie und Gerechtigkeit. Zu diesem Zweck müsse die Ordnung im Lande gewährleistet werden. Er sei sicher, daß durch gegenseitigen Respekt und verantwortlichen Dialog konkurrierende Interessen miteinander vereinbart werden könnten. Im wirtschaftlichen Bereich werden Sparmaßnahmen angekündigt.

*22. März:* Abschluß eines am 15. März anläßlich der Amtseinführung des amtierenden Präsidenten begonnenen Besuches des nicaraguanischen Staatspräsidenten, Daniel *Ortega Saavedra*. Dieser erklärt in einer Pressekonferenz, daß die USA ihre Truppen aus Honduras und anderen mittelamerikanischen Ländern abziehen sollten. Die USA suchten nach einem Vorwand, Nicaragua anzugreifen; er habe sich deshalb um eine Annäherung an die USA bemüht. Seine Versuche, die bilateralen Gespräche wieder in Gang zu bringen, seien aber fehlgeschlagen.

## China (Volksrepublik)

*28. März:* Der Vorsitzende des Zentralen Beratenden Ausschusses des ZK, *Deng Xiaoping*, in einem Gespräch mit einem japanischen Politiker laut Mitteilung von Radio Peking: Die in China betriebenen Reformen und die Öffnung nach außen seien sehr kühne Veränderungen. Wenn dies jedoch nicht durchgeführt würde, so würde es Schwierigkeiten für die Zukunft geben. Die Reformen seien Chinas zweite Revolution.

## Deutschland

### Bundesrepublik Deutschland

*16. März:* Finanzminister Gerhard *Stoltenberg* empfängt in München wie auch schon am Vortag seine Amtskollegen aus der Schweiz und Österreich, Otto *Stich* und Franz *Vranitzky*. Haupt-Gesprächsthemen laut amtlicher Mitteilung: Wirtschafts- und Finanzpolitik (Haushalt, Umweltschutz, Wechselkurse).

*16. März:* Bundeskanzler Helmut *Kohl* empfängt in Frankfurt den ägyptischen Staatspräsidenten, Hosni *Mubarak*. Haupt-Gesprächsthemen laut amtlicher Mitteilung: Naher Osten, Gespräche *Mubaraks* in den USA (vgl. EA 6/1985, S. Z 45), ägyptischer Friedensvorschlag für den israelisch-arabischen Konflikt, bilaterale Beziehungen.

*18. März:* Der Bundesminister des Auswärtigen, Hans-Dietrich *Genscher*, in einem Namensartikel zu den Ost-West-Beziehungen: Mit Beginn der amerikanisch-sowjetischen Verhandlungen in Genf (vgl. EA 7/1985, S. Z 62) sei ein neues Kapitel in der Geschichte der Rüstungskontrolle und der Abrüstung aufgeschlagen worden. In vielfacher Hinsicht seien die Bedingungen günstig für eine neue Phase realistischer Entspannungspolitik. Überzogene öffentliche Erwartungen wären aber nicht hilfreich. Solange es keine bessere Strategie zur Verhinderung des Krieges gebe, müsse die der Flexiblen Erwiderung gültig bleiben. Jede neue Entwicklung müsse deshalb zuerst daran gemessen werden, ob sie das Ziel der Kriegsverhinderung näher bringe oder nicht. Es sei von großer Bedeutung, daß sich die Europäer nicht auf die Rolle von Zuschauern bei den Verhandlungen zwischen den Großmächten beschränkten.

*20.–22. März:* Parteitag der CDU in Essen. Der Vorsitzende, Bundeskanzler *Kohl*, in seiner Eröffnungsansprache: In den Ost-West-Beziehungen sei eine neue Phase eingetreten mit der Aufnahme der amerikanisch-sowjetischen Verhandlungen in Genf. Es gehe darum, einen Rüstungswettlauf im Weltraum und auf der Erde zu verhindern. *Kohl* wird mit 667 zu 45 Stimmen bei 15 Enthaltungen in seinem Amt bestätigt.

*27. März:* Die Bundesregierung in einer Stellungnahme zur Initiative zur Strategischen Verteidigung (SDI): Die Bundesregierung unterstütze die zwischen dem amerikanischen und dem sowjetischen Außenminister vereinbarten Verhandlungsziele für die bilateralen Verhandlungen in Genf. Nach Auffassung der Bundesregierung müsse es im Einklang mit diesen Verhandlungszielen darum gehen, einen Rüstungswettlauf im Weltraum zu verhindern und auf der Erde zu beenden, die strategischen und Mittelstrecken-Waffen zu reduzieren und zu begrenzen, die beiderseitigen Forschungen auf dem Gebiet neuer Raketenabwehrsysteme in kooperative Lösungen einmünden zu lassen und den ABM-Vertrag zu bekräftigen, solange keine anderweitigen Vereinbarungen getroffen werden. Der amerikanische Präsident habe wiederholt deutlich gemacht, daß es sich bei der Initiative zur Strategischen Verteidigung um ein ausschließlich auf Verteidigung gerichtetes Forschungsprogramm handelt. Die Bundesregierung begrüße die Feststellung der amerikanischen Regierung, daß mit diesem Programm keine Überlegenheit angestrebt werde, daß die Ergebnisse der Forschungsphase abgewartet werden müssen, ehe Entscheidungen gefällt werden und daß sie zu intensiven Konsultationen mit ihren Verbündeten bereit ist. Der ABM-Vertrag lasse Forschungsarbeiten zu. Alle Anzeichen sprächen dafür, daß auch die Sowjetunion seit langem Technologien erforsche, die zur Raketenabwehr genutzt werden könnten. Forschung im Rahmen des SDI sei deshalb gerechtfertigt. Die Strategie der Flexiblen Erwiderung müsse unverändert wirksam bleiben, solange es keine wirksame Alternative gebe, die politische und strategische Einheit des Bündnisses müsse gewahrt bleiben, die Sicherheit Europas dürfe nicht von der der USA abgekoppelt und das konventionelle Ungleichgewicht in Europa müsse abgebaut werden. Die Bundesregierung werde die wirtschaftlichen und technologischen Aspekte des SDI-Programms kontinuierlich verfolgen und bewerten. Sie werde sich auch weiterhin um eine gemeinsame Haltung der Europäer hierzu bemühen.

*Deutsche Demokratische Republik*

*23. März:* Das Parteiorgan *Neues Deutschland* veröffentlicht den Vorabdruck eines Grundsatzartikels des Generalsekretärs des ZK der SED und Staatsratsvorsitzenden, Erich *Honecker,* für die Zeitschrift *Einheit.* Darin erklärt er, der Drang der aggressivsten imperialistischen Kreise der USA, Weltherrschaft zu erreichen, ihr Kurs der Hochrüstung und der Konfrontation hätten die internationale Lage erheblich verschlechtert. Bei seinem Treffen mit Bundeskanzler *Kohl* in Moskau (vgl. EA 7/1985, S. Z 58) sei in der gemeinsamen Mitteilung festgestellt worden, daß die Unverletzlichkeit der Grenzen und die Achtung der territorialen Integrität und der Souveränität aller Staaten in Europa in ihren gegenwärtigen Grenzen eine grundlegende Bedingung für den Frieden seien. Es sei zu hoffen, daß diese Erklärung, die den Sicherheitsinteressen beider deutschen Staaten diene, sich in Zukunft positiv auf die Entwicklung einer friedlichen Zusammenarbeit in Europa auswirken werde.

*24. März:* Bei Ludwigslust (im Kreis Schwerin) wird Major Arthur D. *Nicholson,* ein Angehöriger der amerikanischen Militärmission in Potsdam, beim Fotografieren militärischer Anlagen von einem sowjetischen Wachsoldaten erschossen (vgl. S. Z 69, USA und Z 67, Sowjetunion).

**Frankreich**

*25. März:* Besuch des Bundeskanzlers der BR Deutschland, Helmut *Kohl,* im Vorfeld der Tagung des Europäischen Rates in Brüssel. *Kohl* auf einer Pressekonferenz: Beide Seiten wollten in den kommenden Tagen alles tun, damit das Notwendige für den Beitritt Spaniens und Portugals getan werde. Jeder müsse etwas bewegen. Die Gemeinschaft müsse ihr Wort halten, das sie diesen beiden Staaten gegeben habe.

**Griechenland**

*29. März:* Der von der regierenden Panhellenischen Sozialistischen Partei aufgestellte Christos *Sartzetakis* wird im dritten Wahlgang mit 180 zu 112 Stimmen vom Parlament zum neuen Staatspräsidenten gewählt (Rücktritt Konstantin *Karamanlis* vgl. EA 7/1985, S. Z 55), nachdem in den beiden vorherigen Wahlgängen am 17. und am 23. März nicht die erforderliche Mehrheit für den einzigen Kandidaten zustande gekommen war.

## Großbritannien

*16. März:* Abschluß eines am 14. März begonnenen Besuchs des ägyptischen Staatspräsidenten, Hosni *Mubarak.* Haupt-Gesprächsthemen laut amtlichen Angaben: bilaterale Beziehungen, Wirtschaftsfragen, Naher Osten, Friedensinitiative *Mubaraks,* internationale Fragen.

## Irak

*16. März:* Außenminister Tarek *Aziz* in einem Schreiben an UN-Generalsekretär *Pérez de Cuéllar:* Die irakische Regierung begrüße die Haltung des Sicherheitsrats (vgl. EA 7/1985, S. Z 61), wonach die Feindseligkeiten zwischen Irak und Iran beendet werden müßten, wobei der erste Schritt die Einstellung der Angriffe auf reine Wohngebiete sein müsse. Es sei an der Zeit, daß der Sicherheitsrat angemessene Maßnahmen einleite, um eine umfassende Lösung des irakisch-iranischen Krieges herbeizuführen. Dies solle in folgendem Rahmen erreicht werden: Waffenstillstand und sofortige Einstellung aller militärischen Operationen, Rückzug der Truppen auf die international anerkannten Grenzen, Einsetzung einer UN-Beobachtergruppe zur Überwachung; in direkten Kontakten des UN-Generalsekretärs mit beiden Seiten Ausarbeitung von Sicherheitsvereinbarungen für den Waffenstillstand; Verhandlungen beider Seiten unter der Ägide des UN-Generalsekretärs oder des Sicherheitsrats für eine gerechte und umfassende Lösung; Regelung der Frage der Kriegsgefangenen; Irak sei zu einleitenden Schritten bereit.

*17. März:* Ein Militärsprecher gibt in einer Erklärung bekannt, daß der iranische Luftraum mit Beginn vom 19. März, eine „verbotene Zone" sei und daß jedes Flugzeug sich in dieser Zone unmittelbarer Gefahr aussetze.

*18. März:* Staatspräsident Saddam *Hussein* empfängt König *Hussein* von Jordanien und seinen ägyptischen Amtskollegen, Hosni *Mubarak,* zur Erörterung der Lage im Nahen Osten und der Entwicklungen im irakisch-iranischen Krieg.

*19. März:* Ein Militärsprecher teilt in einer Rundfunkerklärung mit, daß in einer am 11. März begonnenen iranischen Offensive am Tigris 23 000 Iraner gefallen seien (s. unten, Iran).

## Iran

*19. März:* Fortsetzung der Bombardierung iranischer Städte durch die irakische Luftwaffe (vgl. EA 7/1985, S. Z 55). Auch Teheran wird mehrfach bombardiert.

## Italien

*16. März:* Ministerpräsident Bettino *Craxi* und Außenminister Giulio *Andreotti* treffen in Venedig mit dem ägyptischen Staatspräsidenten, Hosni *Mubarak,* zusammen. Ministerpräsident *Craxi* anschließend vor der Presse: Er habe *Mubarak* zugesagt, sich in den europäischen Gremien für dessen Nahostinitiative einzusetzen; *Mubaraks* Plan sei augenblicklich die einzige Möglichkeit, um Gesprächen Impulse in eine gute Richtung zu geben.

## Jordanien

*18. März:* Besuch des ägyptischen Staatspräsidenten, Hosni *Mubarak,* zur Unterrichtung über seinen Besuch in den USA (vgl. EA 7/1985, S. Z 60) sowie zur Erörterung der Lage im Nahen Osten (keine Angaben über Einzelheiten).

## Kamputschea

*31. März:* Ministerpräsident und Außenminister *Hun Sen* in einem Interview mit dem Nachrichtenmagazin *Newsweek:* Eine politische Lösung der Probleme Kamputscheas sei möglich. Er sei zu Verhandlungen mit den gegen seine Regierung kämpfenden Rebellen bereit, falls diese sich vom Führer der Roten Khmer, *Pol Pot,* lösten.

## Kanada

*17.–18. März:* Besuch des Präsidenten der USA, Ronald *Reagan. Reagan* in einer Rede nach Abschluß seiner Gespräche mit Premierminister Brian *Mulroney:* Ein Treffen mit dem neuen sowjetischen Parteichef *Gorbatschow* sei zweifellos nützlich. Trotz der Verletzung verschiedener Abkommen wie z. B. des SALT-I-Abkommens und der Schlußakte von Helsinki biete er der Sowjetunion Gespräche über verschiedene Themen an, so über Abrüstung oder Fragen der Menschenrechte. In einer gemeinsamen Erklärung betonen *Reagan* und *Mulroney,* daß eine neue Phase der amerikanisch-kanadischen Partnerschaft begonnen habe. Sie unterstreichen die Notwendigkeit regelmäßiger Konsultationen in Verteidigungs- und Abrüstungsfragen.

## Libanon

*20. März:* Samir *Geagea* wird zum Führer der christlichen Miliz „Forces Libanaises" gewählt. (Am 12. März hatte sich diese entgegen der Anordnung der regulären Armee geweigert, eine Straßensperre zwischen Tripoli und Beirut zu räumen; tags darauf erklärte sie sich für unabhängig von der Phalange-Partei. Es kam zu Kämpfen zwischen den christlichen Milizen und der Armee).

*25. März* Die Führer der Milizen und das Oberkommando der regulären Streitkräfte einigen sich auf die Schaffung einer milizfreien Zone entlang der Grünen Linie in Beirut.

*21. März:* Israelische Einheiten durchsuchen zwei Dörfer in Südlibanon nach Freischärlern. Dabei werden laut Mitteilung eines israelischen Militärsprechers 20 Bewohner getötet (vgl. EA 7/1985, S. 7). Auch in den folgenden Tagen werden weitere Razzien vorgenommen.

## Mexiko

*26.–28. März:* Besuch des argentinischen Staatspräsidenten, Raul *Alfonsin.* In einem gemeinsamen Kommuniqué erklären *Alfonsín* und der mexikanische Staatspräsident, Miguel *de la Madrid Hurtado,* die destabilisierenden Aktionen in Mittelamerika müßten beendet werden. Sie verlangen den Abzug aller ausländischen militärischen Kräfte aus der Region und warnen alle Staaten mit Interessen in Mittelamerika vor Handlungen, die den Frieden gefährden könnten. Besorgt äußern sich beide Staatschefs darüber, daß die Wirtschaftskrise andauere, der Protektionismus wachse und die lateinamerikanischen Exporte durch die Industriestaaten beschränkt würden.

## Mosambik

*20. März:* Besuch des südafrikanischen Außenministers, Roelof Frederik *Botha.* Er überbringt eine Botschaft von Staatspräsident Pieter Willem *Botha.* (Einzelheiten werden nicht mitgeteilt.)

## Norwegen

*25.–27. März:* Besuch des Außenministers der DDR, Oskar *Fischer.* Haupt-Gesprächsthemen laut Angaben eines norwegischen Sprechers: Ost-West-Beziehungen, Abrüstungs-

verhandlungen und Fragen des bilateralen Handels.

## Nicaragua

*29. März:* Außenminister Miguel *d'Escoto Brockmann* protestiert in einem Schreiben an den amerikanischen Außenminister, George P. *Shultz,* gegen geplante amerikanische Militärmanöver in Honduras. Damit bringe die amerikanische Regierung „größere und ernstere Spannung und Unruhe" in die Region.

## Pakistan

*23. März:* Vereidigung von Staatspräsident Mohammed *Zia ul Haq* (Wahlen vgl. EA 6/1985, S. Z 49). Er ernennt Mohammed *Khan Junejo* zum Ministerpräsidenten. Dieser erklärt in seiner Antrittsrede, er werde sich für die völlige Wiederherstellung der demokratischen Regeln und für die möglichst baldige Aufhebung des Kriegsrechts einsetzen. Diese Aufgabe werde im Rahmen eines geeigneten Programms verwirklicht werden, damit im Lande eine ausschließlich aus Zivilisten bestehende Regierung etabliert werden könne.

## Polen

*21.–22. März:* Besuch des Bundesministers für Wirtschaft der BR Deutschland, Martin *Bangemann,* anläßlich der Tagung der deutsch-polnischen Wirtschaftskommission. *Bangemann* wird auch von Partei- und Regierungschef Wojciech *Jaruzelski* empfangen. Haupt-Gesprächsthemen laut Radio Warschau: Wirtschaftsfragen, bilaterale Beziehungen (*Jaruzelski* unterstreicht die Bedeutung der Unverletzlichkeit der bestehenden Grenzen), internationale Lage.

## Rumänien

*20.–21. März:* Besuch des ägyptischen Ministerpräsidenten, Kamal Hassan *Ali.* Haupt-Gesprächsthemen seiner Unterredung mit Partei- und Staatschef Nicolae *Ceausescu* laut Angaben der amtlichen Nachrichtenagentur Agerpres: Abrüstungsfragen sowie die Lage im Nahen Osten.

*27. März:* Partei- und Staatschef *Ceausescu* in einer Rede auf der Plenartagung des ZK der Rumänischen Kommunistischen Partei: Die Mitgliedstaaten des Warschauer Paktes hätten sich endgültig auf eine Verlängerung des Bündnisses geeinigt; die Vertragsunterzeichnung werde in Kürze erfolgen.

### Singapur

*28. März:* Rücktritt von Staatspräsident *Chengara Veetil Devan Nair* aus Gesundheitsgründen.

### Sowjetunion

*17.–18. März:* Besuch des rumänischen Ministerpräsidenten, Constantin *Dascalescu.* Haupt-Gesprächsthemen laut Erklärung: bilaterale Beziehungen, Wirtschaftsfragen, RGW, internationale Fragen, Wettrüsten.

*19. März:* Ministerpräsident *Tichonow* empfängt seinen bulgarischen Amtskollegen, Grischa *Filipow.* Haupt-Gesprächsthemen laut Mitteilung der amtlichen Nachrichtenagentur TASS: bilaterale Beziehungen, wirtschaftliche und wissenschaftlich-technische Zusammenarbeit, internationale Fragen, Rüstungsbegrenzung.

*19.–20. März:* Besuch des Außenministers der DDR, Oskar *Fischer,* Haupt-Gesprächsthemen laut gemeinsamem Kommuniqué: bilaterale Beziehungen, internationale Fragen, Warschauer Vertrag, Weltraumwaffen, Abrüstung, KVAE, MBFR, Naher Osten, irakisch-iranischer Krieg, Afrika.

*22. März:* Der Generalsekretär des ZK der KPdSU, Michail *Gorbatschow,* bei einem Empfang für eine Abordnung der Sozialistischen Internationale: Wenn das Wettrüsten nicht gestoppt werde, könne es in eine qualitativ neue Phase eintreten, da unkontrollierbare Prozesse einsetzten. Die Lage werde darüber hinaus durch vorsätzliche Handlungen erschwert, die darauf gerichtet seien, das internationale Vertrauen zu untergraben und die Konfrontation in allen Richtungen zuzuspitzen. Ziel der amerikanisch-sowjetischen Verhandlungen müsse die Ausarbeitung effektiver Übereinkünfte sein.

*26. März:* Die amtliche Nachrichtenagentur TASS in einer Meldung zur Erschießung eines amerikanischen Majors in der DDR (vgl. S. Z 64, DDR und S. Z 69, USA): Der amerikanische Major habe auf dem Gebiet einer gesperrten Militäreinrichtung der sowjetischen Streitkräfte Fotoaufnahmen gemacht. Einem Anruf des Wachpostens sei er nicht gefolgt; trotz eines Warnschusses habe er versucht zu fliehen, worauf der sowjetische Posten gezwungen gewesen sei, einen gezielten Schuß abzugeben. Die Aufkläraktion des amerikanischen Majors stelle eine flagrante Verletzung der Vereinbarung über militärische Verbindungsmissionen dar.

*29. März:* Außenminister Andrej *Gromyko* empfängt seinen irakischen Amtskollegen, Tarek *Aziz.* Haupt-Gesprächsthemen laut Angaben von TASS: irakisch-iranischer Krieg (die Fortsetzung des Krieges nütze nur denen, die an der Verschärfung der Spannungen und an der Schaffung von Bedingungen für die Einmischung in die inneren Angelegenheiten der Staaten der Region interessiert seien), Naher Osten, Palästina-Frage, Libanon.

*31. März:* Die Nachrichtenagentur TASS in einer autorisierten Erklärung zur Lage in Südafrika: Die Ereignisse in Südafrika zeigten, daß das Apartheid-System eine tiefe Krise durchmache. Die Sowjetunion erwarte, daß die südafrikanische Regierung alle Resolutionen des UN-Sicherheitsrats erfülle (vgl. EA 7/1985, S. Z 61). Rückfälle in den Rassismus dürften nicht geduldet werden. Die Sowjetunion rufe alle Staaten auf, Schritte zu unternehmen, um die Greueltaten des südafrikanischen Systems zu unterbinden (vgl. S. Z 67, Südafrika).

### Spanien

*25.–28. März:* Staatsbesuch von König *Hussein* von Jordanien. Haupt-Gesprächsthemen mit König *Juan Carlos I.* und Mitgliedern der Regierung laut amtlichen Angaben: Die Lage im Nahen Osten, der jordanisch-palästinensische Friedensplan sowie bilaterale Fragen.

### Südafrika

*16. März:* Außenminister Roelof Frederik *Botha* auf einer Pressekonferenz in Johannesburg: Die Regierung unternehme nach wie vor jede Anstrengung, um einen Waffenstillstand und Frieden in Mosambik herbeizuführen. Er gibt außerdem bekannt, daß Südafrika und Mosambik vereinbart hätten, entlang der gemeinsamen Grenze Radareinrichtungen zu installieren, um Flugzeuge aufzuspüren, die ohne Erlaubnis die Grenze überfliegen.

*21. März:* Bei einer Demonstration in der Nähe von Port Elizabeth werden 16 Schwarze von der Polizei erschossen, 22 Personen werden verletzt. Die Regierung sagt die Einsetzung einer richterlichen Untersuchungskommission zur Klärung der Vorgänge zu.

*21.–23. März:* Besuch des amerikanischen Sonderbeauftragten für Afrika, Chester *Crocker.* Nach Gesprächen mit Außenminister *Botha* sagt *Crocker* vor der Presse in Johannesburg, die USA hätten den Regierungen Angolas und Südafrikas neue Vorschläge bezüglich der Unabhängigkeit Namibias gemacht.

*26. März:* Eine Delegation der Mehrparteienkonferenz (MPK) aus Namibia, unterbreitet Staatspräsident Pieter Willem *Botha* in Kapstadt neue Verfassungsvorschläge und den Wunsch nach Einsetzung einer Interimsregierung in Namibia. Staatspräsident *Botha* in einer Erklärung: Südafrika stehe einer demokratischen Lösung in Namibia nicht im Wege.

*29. März:* Der Minister für Recht und Ordnung, Louis *le Grange,* gibt einen Erlaß bekannt, der ein zunächst auf drei Monate befristetes Versammlungsverbot für 29 Organisationen und politische Gruppierungen enthält (u. a. auch die größte Anti-Apartheid-Gruppe des Landes, die United Democratic Front — UDF) und der in 18 Distrikten sofort wirksam wird.

### Syrien

*23. März:* Besuch des libanesischen Staatspräsidenten, Amin *Gemayel.* Haupt-Gesprächsthemen laut amtlichen Angaben: Lage in Libanon, Kämpfe (vgl. S. Z 66). Laut Angaben des syrischen Fernsehens sagt Staatspräsident Hafez *al-Assad* die syrische Unterstützung für die legitimen libanesischen Behörden zu, um das Land von den Eroberern zu befreien und die Einheit des Landes und des Volkes sicherzustellen. Es solle Plänen entgegengewirkt werden, die darauf abzielen, die Aufmerksamkeit vom israelischen Feind abzulenken und die Erreichung der nationalen Einheit zu verhindern.

*25. März:* In Damaskus schließen sich sechs Palästinensergruppen zur „Nationalen Errettungsfront" zusammen (darunter al-Saika, die Volksfront zur Befreiung Palästinas, die Volksfront-Generalkommando, die von der al-Fatah abgespaltene Gruppierung unter *Abu Musa* sowie zwei weitere Gruppen). Ziel der Front werde es sein, den Trend der Abweichung und des Verzichts zu überwinden, die nationale Linie der PLO wiederherzustellen und die Errungenschaften der PLO zu schützen.

### Thailand

*18. März:* Außenminister *Siddhi Sawetsila* empfängt den stellvertretenden sowjetischen Außenminister, Michail *Kapitsa,* zu einer Unterredung. Der thailändische Außenminister anschließend vor Journalisten: Thailand habe die Sowjetunion aufgefordert, ihre Militärhilfe an Vietnam zu reduzieren. Dies könne zu einem Rückgang der Aktivitäten der vietnamesischen Truppen in Kamputschea beitragen und sei für Thailand eine Frage von entscheidender Bedeutung.

*20. März:* Die Regierung beschwert sich in einem Schreiben an UN-Generalsekretär Javier *Pérez de Cuéllar,* daß vietnamesische Soldaten wiederholt die thailändische Grenze verletzt hätten; dabei seien 16 thailändische Soldaten und 13 Zivilisten getötet worden.

### Togo

*24. März:* Der tschadische Staatspräsident, Hissen *Habre,* der sich anläßlich einer Konferenz in Lome aufhält, in einer Pressekonferenz: Libyen baue seine militärische Präsenz in Tschad weiter aus. Gegenwärtig befänden sich 7000 Libyer auf tschadischem Territorium, ein in Nord-Tschad von Libyen gebauter Flughafen stehe vor der Vollendung. *Habre* beschuldigt den libyschen Staatschef *Khadafi,* auf eine Teilung Tschads hinzuarbeiten.

### Ungarn

*25.–28. März:* 13. Parteitag der Ungarischen Sozialistischen Arbeiterpartei. Parteichef János *Kádár* plädiert in seiner Eröffnungsrede, die er als „Erläuterung" zu dem schriftlich vorliegenden Arbeitsbericht des Zentralkomitees bezeichnet, für die Verlängerung des im kommenden Mai auslaufenden Warschauer Paktes. Da die USA und die NATO auf das vor zwei Jahren gemachte Angebot des Gewaltverzichts bei gleichzeitiger Auflösung der Militärblöcke in Ost und West nicht eingegangen seien, müsse der Warschauer Pakt verlängert werden. Den USA wirft *Kádár* vor, sie strebten eine „Militarisierung des Weltraumes" an. Zum Abschluß des Parteitages wird *Kádár* für weitere fünf Jahre in seinem Amt bestätigt, er erhält als neue Bezeichnung den Titel „Generalsekretär". Zum Stellvertretenden Generalsekretär wählen die Delegierten Károly *Németh.*

## Vereinigte Staaten

*19.–21. März:* Besuch des argentinischen Staatspräsidenten, Raul *Alfonsín*. Bei der Begrüßungszeremonie für *Alfonsín* vor dem Weißen Haus sagt Präsident Ronald *Reagan*, die Vereinigten Staaten würden alles in ihrer Macht Stehende tun, um zum Frieden in der Region beizutragen; es sei notwendig, der „kommunistischen Tyrannei" in Nicaragua Einhalt zu gebieten. Am 20. März hält *Alfonsín* eine Rede vor beiden Häusern des Kongresses, in der er sich für strikte Nichteinmischung in Mittelamerika ausspricht und dazu auffordert, die Bemühungen der Contadora-Staaten zur friedlichen Beilegung des Konflikts in der Region zu unterstützen. Auf einem Bankett der Panamerikanischen Gesellschaft der USA in New York am 21. März sagt *Alfonsín*, die US-Regierung solle weniger Energie darauf verschwenden, „kleine privilegierte Gruppen in Lateinamerika" zu verteidigen, als vielmehr der Unterstützung der Demokratie in der Region stärkere Aufmerksamkeit zu schenken.

*20. März:* Der Senat spricht sich mit 55 zu 45 Stimmen für die Freigabe von 1,5 Milliarden Dollar zum Bau weiterer 21 MX-Raketen aus. Am *28. März* Billigung mit 217 gegen 210 Stimmen im Repräsentantenhaus.

*21. März:* Präsident *Reagan* auf einer Pressekonferenz: Die USA wollten zur Lösung der Probleme im Nahen Osten beitragen, aber nicht direkt an Verhandlungen teilnehmen. Dies sei Sache direkter Verhandlungen zwischen den arabischen Staaten und Israel.

*21. März:* Proklamation Präsident *Reagans* zum fünften Jahrestag der sowjetischen Invasion in Afghanistan: Die überwältigende Mehrheit der Afghanen befinde sich in einem leidenschaftlichen Kampf, um der sowjetischen Besetzung ihres Landes und der Herrschaft des Marionettenregimes mit Babrak *Karmal* an der Spitze ein Ende zu bereiten.

*24. März:* Außenminister George P. *Shultz* empfängt seinen jordanischen Amtskollegen, Taher *Masri*. *Shultz* nach dem Gespräch vor der Presse: Er erwäge ein Treffen mit seinen jordanischen und ägyptischen Amtskollegen, um die Zusammensetzung einer arabischen Delegation für „Friedensgespräche" mit Israel zu diskutieren. Die amerikanische Regierung schließe nicht aus, daß ein solches Treffen als ein Mittel zur Annäherung an einen Friedensprozeß geeignet sein könne.

*25. März:* Präsident *Reagan* vor Journalisten: Kontroverse Ansichten der USA und der Sowjetunion über mögliche Verletzungen von Rüstungskontrollabkommen könnten auf einem Gipfeltreffen beigelegt werden. Sollte es zu einem Treffen mit dem sowjetischen Parteichef *Gorbatschow* kommen, könnte dabei das gegenseitige Mißtrauen über die Motive und Absichten der jeweils anderen Supermacht abgebaut werden.

*25. März:* Der Sprecher des Weißen Hauses, Larry *Speakes*, zum Tod von Major Arthur D. *Nicholson*, der als Angehöriger der amerikanischen Militärmission in der DDR von einem sowjetischen Posten erschossen worden war, (vgl. S. Z 64, DDR) vor der Presse: Die amerikanische Regierung habe die Absicht, sich in Washington und in der DDR weiter um eine Aufklärung des Vorfalls zu bemühen. Sie werde bei der Sowjetunion auf eine umfassende Erklärung dringen und erwarte definitiv, eine solche zu bekommen. Der Zwischenfall mache die Notwendigkeit des von Präsident *Reagan* gewünschten Gipfeltreffens mit dem sowjetischen Parteichef *Gorbatschow* erneut deutlich.

*25. März:* Der Berater für nationale Sicherheit, Robert *McFarlane*, in einer Rede vor dem National Strategy Information Center zum Terrorismus. Seit Beginn der ersten Amtsperiode Präsident Reagans sei der Analyse der verschiedenen Aspekte des internationalen Terrorismus hohe Priorität eingeräumt worden. Im Kampf gegen den Terrorismus sei Gewalt nur eines der einzusetzenden Mittel. Ebenso wichtig sei, die Methode des Sammelns und Bewertens von Informationen über in terroristische Aktivitäten verwickelte Gruppen und Staaten zu vervollkommnen, um Angriffe verhindern bzw. zurückschlagen zu können und um die Bürger der USA, ihre Freunde und Verbündeten warnen zu können. Die USA müßten mit anderen Ländern intensiv zusammenarbeiten, um diese Bedrohung für die freien und offenen Gesellschaften zu beseitigen.

*25. März:* Präsident *Reagan* richtet in einer Ansprache vor Geschäftsleuten und anderen Persönlichkeiten aus Lateinamerika heftige

Angriffe gegen die Mittelamerika-Politik der Sowjetunion. Er beschuldigt sie, die Region zum „Brückenkopf einer sowjetischen Aggression" machen zu wollen, von dem aus sie Terror und Instabilität verbreiten wolle.

*26. März:* Präsident *Reagan* in einer Ansprache vor Kongreßabgeordneten: Die USA müßten darin fortfahren, ihre Entschlossenheit zu zeigen, die Abrüstungsverhandlungen mit der Sowjetunion auf einer soliden Grundlage zu einem erfolgreichen Abschluß zu bringen. Andernfalls könne in der Welt der Eindruck entstehen, als ob die USA in dieser Frage unentschlossen und uneinig seien.

*26. März:* Außenminister *Shultz* empfängt seinen irakischen Amtskollegen, Tarek *Aziz.* Der Sprecher des Außenministeriums, Bernard *Kalb,* anschließend vor der Presse: Das Gespräch habe dem irakisch-iranischen Krieg und Möglichkeiten zu seiner Beendigung gegolten. *Shultz* habe *Aziz* nochmals darauf hingewiesen, daß die USA gegen jeglichen Einsatz chemischer Waffen eintreten.

*26. März:* Verteidigungsminister Caspar W. *Weinberger* lädt in einem Schreiben an die Verteidigungsminister der Mitgliedstaaten der NATO, Frankreichs, Israels, Australiens und Japans diese ein, sich an dem Forschungsprogramm der Initiative zur Strategischen Verteidigung (SDI) zu beteiligen. Er bittet die Minister darum, ihm innerhalb von 60 Tagen einen Hinweis auf ihr mögliches Interesse an der Teilnahme am SDI-Forschungsprogramm zukommen zu lassen und

ihn davon zu unterrichten, welche wissenschaftlichen Fähigkeiten der betreffenden Länder für dieses Programm das meiste versprechen.

*28. März:* Präsident *Reagan* in New York vor der Presse: Die Bewilligung der Gelder für den Bau weiterer MX-Raketen (vgl. S. Z 69) sei von großer Bedeutung für die Sicherheit der USA und „der Schlüssel zum Erfolg" bei den Genfer Abrüstungsgesprächen.

*29. März:* Präsident *Reagan* nominiert Robert D. *Blackwill* als neuen Chefunterhändler bei den MBFR-Verhandlungen in Wien im Rang eines Botschafters.

*30. März:* Außenminister *Shultz* empfängt den sowjetischen Botschafter, Anatolij *Dobrynin. Dobrynin* anschließend vor der Presse: Man habe ein Treffen zwischen den Oberbefehlshabern der amerikanischen und sowjetischen Streitkräfte in Deutschland vereinbart, bei dem Möglichkeiten erörtert werden sollten, wie Zwischenfälle wie die Erschießung des Majors *Nicholson* (vgl. S. Z 64, DDR) in Zukunft vermieden werden könnten.

### Vietnam

*28. März:* Die vietnamesische Regierung kündigt den weiteren Abzug von Truppen aus Kamputschea an. Nach einer Meldung von Radio Hanoi wurde der Rückzug unter Berücksichtigung der Sicherheitslage in Kamputschea von Regierungsvertretern beider Seiten vereinbart (Einzelheiten werden nicht genannt).

## Internationale Konferenzen

### Organisation der Vereinten Nationen

*22. März:* Der amtierende Präsident des Sicherheitsrats, Blaise *Rabetafika,* bedauert in einer Erklärung den Tod unschuldiger Menschen während der jüngsten Unruhen in Südafrika und verurteilt die Anwendung von Gewalt gegen wehrlose Gegner der Apartheid (vgl. S. Z 67).

*27. März:* Generalsekretär Javier *Pérez de Cuéllar* verurteilt in einer Erklärung zum iranisch-irakischen Konflikt scharf den Gebrauch chemischer Waffen. Er äußert seine Bestürzung darüber, daß seine Aufforderung zur Beendigung der Angriffe auf rein zivile Ziele nicht beachtet worden sei, daß weiterhin

unbewaffnete Handelsschiffe beschossen würden und die internationale Zivilluftfahrt in der Region bedroht sei. Er fordert Iran und Irak auf, diese Aktionen zu beenden.

### Arabische Liga

*25.–28. März:* In Tunis Tagung der Außenminister. Verabschiedung mehrerer Resolutionen, u. a. zum irakisch-iranischen Krieg (Forderung nach Beendigung der Kämpfe), zu Libanon (Verurteilung der fortgesetzten Anwesenheit israelischer Truppen).

### Europäische Gemeinschaften

*17.–21. März:* 994. Tagung des Rates (Auswärtige Angelegenheiten). Die Außenminister setzen ihre Beratungen über die Süderweiterung der Gemeinschaft sowie die integrierten Mittelmeerprogramme fort. Auf einer parallelen Tagung geben die für den Außenhandel zuständigen Minister eine Erklärung zu einer neuen Runde von Handelsverhandlungen im Rahmen des GATT-Abkommens ab. Die Ratstagung wird vom *28. bis zum 30. März* fortgeführt. Die Minister geben die erfolgreiche Beendigung der Beitrittsverhandlungen mit Spanien und Portugal sowie eine Einigung in der Frage der Finanzierung der integrierten Mittelmeerprogramme bekannt. Der Rat gibt eine Erklärung zur Mittelmeerpolitik der erweiterten Gemeinschaft ab. Am Rande der Tagung gibt der amtierende Ratspräsident und italienische Außenminister, Giulio *Andreotti,* am 25. März eine Presseerklärung im Rahmen der EPZ zur Entwicklung in Südafrika ab (vgl. S. Z 67). Die Zehn verurteilen die Gewaltanwendung der südafrikanischen Polizei gegen farbige Demonstranten.

*20.–21. März:* Fortsetzung der 990. Tagung des Rates (Umwelt) am 7. und 8. März (vgl. EA 7/1985, S. Z 61). Der Rat beschließt Maßnahmen zur Verringerung der Luftverschmutzung durch Kraftfahrzeugabgase und des Bleigehalts im Kraftstoff.

*25.–27. März:* 995. Tagung des Rates (Landwirtschaft). Die Landwirtschaftsminister setzen ihre Beratungen über die Agrarpreise fort.

*26.–27. März:* 996. Tagung des Rates (Industrie). Der Rat beschließt, den Termin des 31. Dezember 1985 für die Zahlung aller Beihilfen für die Stahlindustrien beizubehalten. Danach werden keine Beihilfen mehr zugelassen. In einer Erklärung über die Beziehungen zu den USA im Stahlbereich widersetzt sich der Rat allen einseitigen amerikanischen Handelsbeschränkungen und fordert die Kommission auf, umgehend jede mögliche Gegenmaßnahme in Erwägung zu ziehen. Weitere Beratungsthemen: Erhöhung der Mindestpreise für bestimmte Eisen- und Stahlerzeugnisse, Lage auf dem Schrottmarkt, moderne Produktionsanlagen.

*29.–30. März:* Tagung des Europäischen Rates in Brüssel (für die letzte Tagung des Europäischen Rates in Dublin vgl. EA 4/1985, S. D 89 ff.). Die Staats- und Regierungschefs der zehn Mitgliedstaaten stellen in den Schlußfolge-

rungen ihre Genugtuung darüber fest, daß es den Außenministern gelungen ist, die Beitrittsverhandlungen mit Spanien und Portugal erfolgreich abzuschließen (s. oben). Der Europäische Rat ersucht die zuständigen Stellen der Gemeinschaft, dafür zu sorgen, daß die Erweiterung tatsächlich zum 1. Januar 1986 erfolgen kann. Der Europäische Rat befaßt sich mit Vorlagen der EG-Kommission zur wirtschaftlichen und sozialen Lage der Gemeinschaft, der Stärkung der technologischen Grundlagen und der Wettbewerbsfähigkeit der Gemeinschaftsindustrien sowie mit Fragen der Umwelt. Der Rat nimmt den Bericht des Ausschusses für das Europa der Bürger und den abschließenden Bericht des Ad-hoc-Ausschusses für institutionelle Fragen zur Kenntnis. Die Staats- und Regierungschefs verabschieden die integrierten Mittelmeerprogramme auf der Grundlage der Empfehlungen der EG-Kommission und der Außenminister (vgl. S. Z 70 f.). Vor der Presse stellt der Präsident des Europäischen Rates und italienische Ministerpräsident, Bettino *Craxi,* die Erklärungen der Zehn im Rahmen der EPZ zum arabisch-israelischen Konflikt, Libanon, irakisch-iranischer Krieg, Ost-West-Beziehungen und Lateinamerika, die aus Zeitgründen vom Europäischen Rat nicht verabschiedet worden waren, vor. Er zeigt sich befriedigt über den Ausgang der Brüsseler Ratstagung; der Beitritt Spaniens und Portugals sowie die Lösung der Finanzierung der integrierten Mittelmeerprogramme habe die Gemeinschaft vorangebracht. Der Präsident der Kommission, Jacques *Delors,* gegenüber der Presse: Der Gipfel habe die an ihn gestellten Erwartungen erfüllt, es gelte nun, das Einigungswerk Europas auf dem Gipfeltreffen im Mailand fortzusetzten.

### Europarat

*19.–20. März:* In Wien tagt die erste Ministerkonferenz der Justiz- oder Außenminister der 21 Mitgliedstaaten des Europarates zum Thema Menschenrechte. Die Konferenz endet ohne konkrete Beschlüsse mit drei politischen Absichtserklärungen in Form von Entschließungen. Der Generalsekretär des Europarates, Marcelino Oreja *Aguirre,* vor der Presse: Die Konferenz habe politische Akzente gesetzt und sei ein Meilenstein in der Geschichte des Europarates.

## Interparlamentarische Union

*25.–30. März:* 73. Tagung der IPU in Lome. Auf der Tagesordnung stehen vor allem Fragen der Abrüstung und der Sicherheit. In einer Schlußresolution äußern die Delegierten ihre Besorgnis über die zunehmend schwieriger werdende wirtschaftliche und soziale Situation auf dem afrikanischen Kontinent.

## Kooperationsrat der Golfstaaten

*17.–19. März:* Tagung der Außenminister in er-Riad. Verabschiedung einer Erklärung zum irakisch-iranischen Krieg. Darin wird die Bombardierung ziviler Gebiete bedauert. Die Minister äußern sich besorgt über die Eskalierung der Lage und bekräftigen ihre Unterstützung für Irak bei der Wahrung seiner Souveränität und der Sicherheit seines Territoriums. Appell an Iran, auf internationale Bemühungen zur Beendigung des Krieges einzugehen und die internationalen Grenzen zwischen Iran und Irak zu respektieren. Es wird beschlossen, sich um eine gerechte Lösung zu bemühen, die die legitimen Rechte beider Staaten berücksichtigt. Zu diesem Zweck solle eine Delegation in beide Länder entsandt werden.

## Nordatlantikpakt

*26.–27. März:* In Luxemburg Tagung der Nuklearen Planungsgruppe. Die Verteidigungsminister erhalten laut Kommuniqué eine ausführliche Unterrichtung durch den amerikanischen Verteidigungsminister, Caspar W. *Weinberger,* über den aktuellen Stand der amerikanischen strategischen Streitkräfte und deren Modernisierung sowie über die Genfer Rüstungskontroll-Verhandlungen. Die Minister erörtern die politischen und strategischen Auswirkungen der amerikanischen Initiative zur Strategischen Verteidigung und begrüßen die Einladung der USA an ihre Bündnispartner, eine Beteiligung am Forschungsprogramm in Betracht zu ziehen. Weitere Beratungsthemen: Nukleare Mittelstreckenwaffen in Europa.

## Internationale Konferenzen

### Abrüstungskonferenz

*29. März:* Die Abrüstungskonferenz in Genf beschließt einstimmig die Einsetzung einer Arbeitsgruppe, die sich mit Fragen der Verhinderung eines Rüstungswettlaufs im Weltraum beschäftigen soll.

### Konferenz über Vertrauensbildung und Abrüstung in Europa (KVAE)

*22. März:* In Stockholm Abschluß der 5. Runde der Konferenz (vgl. zuletzt EA 6/1985, S. Z 52). Die Konferenz beginnt ihre 6. Runde am 14. Mai 1985.

### Verhandlungen über die Verminderung von Streitkräften und Rüstungen in Mitteleuropa

*28. März:* In Wien Abschluß der 35. Runde der Verhandlungen (vgl. zuletzt EA 5/1985, S. Z 44). Vertagung der Konferenz auf den 23. Mai 1985.

### Amerikanisch-sowjetische Verhandlungen über Kern- und Weltraumwaffen

*21. März:* In Genf vereinbaren die beiden Verhandlungsdelegationen auf ihrer dritten Plenartagung (vgl. zuletzt EA 7/1985, S. Z 62), ab dem 26. März in drei Verhandlungsgruppen getrennt über die drei Themenkomplexe strategische, Mittelstrecken- und Weltraum-Waffen zu verhandeln.

# Erdgas

Wir sorgen für Erdgas. Durch langfristige Verträge mit in- und ausländischen Lieferanten helfen wir, die Erdgasversorgung bis ins nächste Jahrtausend zu sichern.
Wir transportieren Erdgas durch ein unterirdisches Leitungssystem bedarfsgerecht zu unseren Kunden. Und wir engagieren uns beim Energiesparen – damit möglichst viele möglichst sorgsam mit der umweltfreundlichen Energie Erdgas umgehen.

Wir sorgen für Erdgas  **Ruhr gas**

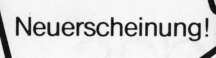